Gabriele Frick Oktober '98

Peter Hacks

EIN GESPRÄCH IM HAUSE STEIN ÜBER DEN ABWESENDEN HERRN VON GOETHE

Schauspiel

Edition Nautilus

Editorische Notiz: Hacks wird 70, Goethe 250. Die hier vorgelegte, um verschiedene Anhängsel bereicherte Einzelausgabe des Monodramas »Ein Gespräch im Hause Stein über den abwesenden Herrn von Goethe« versteht sich als Gedenkbuch zum Zusammenjubiläum.

Von Peter Hacks sind bei der Edition Nautilus erschienen: *Die Erzählungen*, 1995, *Die Maßgaben der Kunst / Gesammelte Aufsätze 1959–1994*, 1996 sowie *Schöne Wirtschaft / Ästhetisch-ökonomische Fragmente,* 1997.

Umschlaggestaltung: Maja Bechert

Edition Nautilus Verlag Lutz Schulenburg
Am Brink 10 · D-21029 Hamburg

1. Auflage 1998 · ISBN: 3-89401-284-6
Printed in Germany

Ein Gespräch im Hause Stein über den abwesenden Herrn von Goethe

Schauspiel

Personen

Die Frau von Stein
Der Herr von Stein

Die Handlung spielt im Oktober 1786.

I

Das Ehepaar Stein. Die Frau von Stein im weißen Kleid. Der Herr von Stein sitzt, in Hausrock und Reitstiefeln, in einem Lehnstuhl. Er raucht Pfeife. Er ist ausgestopft.

DIE FRAU VON STEIN

Gut, Stein, ich bin bereit, Sie anzuhören.

Sie machen mir Vorwürfe, und, das sollen Sie nur gestehen, nicht Sie allein. Sie sagen, es sei Ihr eigenes Empfinden, was aus Ihnen spricht. Aber Sie haben gar kein eigenes Empfinden, und hätten Sie eines, Josias, so würden Sie sich schwerlich herausnehmen, es dem meinigen entgegenzusetzen, wenn es nicht das übereinstimmende Empfinden des ganzen Weimar wäre.

Es zeugt also von bei Ihnen ungewöhnlicher Rücksicht, daß Sie die Frage als eine eheliche hinstellen. Aber diese Art Schonung bringt uns nicht weiter. Meinen Sie, ich hätte auf dem Ball gestern die Stimmung nicht bemerkt? Ich stand ja fast abgesondert, wie eine Verworfene.

Blicken wir den Dingen ins Auge. Mein jetziges Verhältnis zu Goethe wird allgemein mißbilligt, nicht nur von Ihnen.

Ich vergesse meine Schuldigkeit. Ich bin untreu. Ich schädige das Ansehen des Herzogtums. Alle Welt denkt so.

Nun, die Tatsachen sind kaum zu leugnen, und ich, Sie kennen mich, wäre die erste, die Anklage gegen mich zu erheben, wenn ich die Sache ebenso äußerlich betrachten könnte wie alle Welt.

Sie müssen reden, reden Sie. Ich bin fähig, jede meiner Handlungen zu rechtfertigen, selbst wenn der Hof oder der Herzog oder, was mich am tiefsten schmerzt, die Herzogin mit mir unzufrieden ist.

Es ist die Wahrheit, Stein. Ich habe Goethe abgewiesen.

Ich habe die Beziehung zu ihm beendet, nach diesen zehn in Eintracht abgelaufenen Jahren. Ich bin nun die Ursache davon, daß er uns heimlich verlassen hat, über Nacht, unangekündigt, ohne Abschied oder Erlaubnis. Der Staat ist ohne Minister, der Hof ohne Spielmeister, das Theater ohne Direktor, das Land ohne seinen großen Mann.

Man ahnt nicht, wo er sich aufhält. Aber ich, die Ursache seiner Abwesenheit, bin zur Stelle, und die Last der Verantwortung liegt auf mir.

Mir ist sehr klar, warum man mir so unerbittlich zürnen muß. Man fühlt wie ich.

Jeder ist froh, diesen Mann los zu sein. Jeder verabscheut seine dreiste Weise, Vorrechte zu beanspruchen, solche, die ihm um seines Verdienstes willen zustehen, und solche, die er nur hat, weil er sie beansprucht. Der Herzog, der ja wohl in noch ausgezeichneterer Weise geboren ist als der Herr von Goethe, hat man ihn je so die Regeln der Schicklichkeit verletzen sehen? Der Herzog beleidigt durch Entgleisungen. Goethe beleidigt, indem er ist.

Aber man weiß zugleich: er ist unentbehrlich. Ohne ihn sind wir nichts. Weimar, das ist Goethe. Man hat den Mut nicht, ihn zu hassen, und lobt ihn darum um so beflissener.

Ich habe gewagt zu tun, was jeder in dieser Stadt möchte; daher die unnachsichtige Verfolgung.

Man ist in einer angenehmen Lage. Man hat seine innersten Wünsche erfüllt bekommen, das Ärgernis ist beseitigt. Und für die entstandenen Schwierigkeiten hat man den Schuldigen.

Ja, vielleicht ist es mir wirklich lieb, Stein, daß Sie das mich überraschende Zartgefühl aufbringen, den öffentlichen Tadel für Ihr eigenes Empfinden auszugeben. Ich verantworte mich vor Ihnen, mein Gatte, wie es einer Ehefrau, die ihre Pflicht kennt, ansteht. Wir sind Diener des Hofes, Sie und ich. Ich gefährde Ihre Stellung wie die meinige. Jeder Ihrer Vorwürfe hat Anspruch auf Entgegnung; ich bitte Sie, keinen unausgesprochen zu lassen; Sie haben das Recht auf ein offenes Gespräch.

Sehen Sie übrigens: ich habe mich vorbereitet. Ich finde mich in die Rolle der Beklagten, ich besitze Akten.

Dies sind also die Briefe, alle. Keiner fehlt. *Holt sie, schön gebündelt, hervor.* Die ältesten unter ihnen sind fast genau zehn Jahre alt. Es ist ein seltsames Gefühl, sie mit einem Mal wieder vor mir liegen zu sehen. Ich werde Ihnen den einen oder anderen vorlesen, als Zeugnis, daß Sie mir glauben dürfen.

Auf eine Annahme erübrigt sich wohl einzugehen: die Annahme, es könne zwischen Goethe und mir irgendetwas im

Spiel gewesen sein, was den Namen Liebe verdient. Natürlich, jedermann hält es für erwiesen. Natürlich ist es Unsinn. Als Goethe kam, war er ein kleiner Junge, ich ein Weib. Jetzt ist er ein Mann, und ich bin eine alte Frau. Gut, dergleichen mag aufgehen; mag sein, es ist nicht das Entscheidende. Es gibt sogar in Einzelfällen Liebe zwischen einer Dame von Stand und einem Mann von Vorzügen, obschon derlei Ungleichheiten sich erfahrungsgemäß zu rächen pflegen; denn die wirklichen Dinge haben ihre Weise zu sorgen, daß man sie nicht vergißt. Aber all das sind Rechnungen, die man im Ernst nicht mit mir macht. Wenn ich vielleicht töricht bin: vor der Torheit zu lieben hat mich Gott doch bewahrt. Sie sind mein Gemahl, Stein, ich muß mich da nicht näher erklären.

Es gab keinen Roman zwischen Goethe und Charlotte Stein. Es gab die Erfüllung einer Aufgabe und einen angedichteten Roman.

Sie wissen, von welcher Aufgabe ich spreche. Der Herzog hatte einen begabten jungen Menschen aufgelesen; sein Scharfblick hatte nicht getrogen; aber unglücklicherweise hatte dieser neue Günstling, abgesehen von seinen Gaben, nichts, was einen Mann zum Fortkommen tauglich macht. Er kannte die Hochschulen, deren Unsitten ihm leider anhafteten wie einem Stallburschen der Pferdegeruch. Er kannte alle Wissenschaften und alle Künste, und er kannte nichts von der Welt.

Er bedurfte des Erziehers, und die unausgesprochene Wahl des Hofes fiel nicht zufällig auf mich. Ich verletze die Bescheidenheit nicht, wenn ich das von mir sage. Ich habe die Pflichten meines Amtes immer sehr streng gesehen, und ich habe es zu der gelassenen Leichtigkeit des Handelns und stillen Offenheit des Ausdrucks gebracht, welche derjenige erreicht, dem seine Pflichten in Fleisch und Blut übergegangen sind. Ich war für die Leitung Goethes geeignet, mithin bestimmt, und was anders bedeutet Adel als die einwohnende Neigung, seinem Fürsten zu dienen, auch in Fällen, wo dies sehr wenig angenehm ist?

Diese Briefe also sollen Ihnen beweisen, daß ich mich dem Ruf der Pflicht nicht entzog, und daß es an der Unentschlossenheit meines Wollens nicht lag, wenn ich verlor.

Aber bedarf es denn der Beweise? Sie wissen, daß ich außerstande bin, eine Unwahrheit zu sagen, selbst wenn ich es mir vorsetzen könnte.

Ich leide unter einer mehr als gewöhnlichen Schamhaftigkeit. Nichts ist furchtbarer für mich, als wenn man mich ertappt. Ich meine keineswegs bei einer Lüge, einfach bei irgendeiner Sache, die schief ist, oder die ich nicht auszusprechen im Sinn hatte. Ich gerate unweigerlich in Verwirrung. Ich verhaspele mich, wie man das nennt. Ich wiederhole eben die peinliche Stelle, immer wieder. Ich muß den Gegenstand, den ich justament zur Hand habe, fallen lassen, um mich, während ich ihn aufhebe oder die Bruchstücke beseitige, zu beruhigen, bevor ich dann fortfahre, indem ich meinen Fehler mit Freimut eingestehe. Das mag überempfindsam oder frauenzimmerlich scheinen, aber es ist mir lieber, als wäre mir gelungen, mich der Scham so vollständig zu entwöhnen wie beispielsweise unser Goethe.

Komik

Was war ich denn im Begriff zu erzählen?

Genau wie sie behauptet, bei Lügen zum Verhaspeln (Verwirrung) zu neigen, tut sie es jetzt!

Ah ja. Goethe kam nach Weimar und erwies sich als ein Grobian, und der Herzog, der dem Grobianischen mit aller Narrheit seiner Flegeljahre anhing, hatte sich ihn in den Kopf gesetzt. Sicher, er war so berühmt, wie man es nur verlangen kann. Er war berühmt und ein Grobian; er war vielleicht der berühmteste Grobian in den deutschen Staaten.

Ich erinnere mich aus jener Zeit eigentlich nur an zwei Tonfälle bei ihm: er fluchte, wenn er nicht flennte, und wenn er nicht fluchte, flennte er. Er war aufs Haar so unausstehlich wie neuerdings alle jungen Leute in unsern unzufriedenen Zeitläuften, – um gerecht zu sein, muß ich sagen: alle jungen Leute sind aufs Haar so unausstehlich wie Goethe. Denn die traurige Wahrheit ist: er hatte diese beiden Unarten selbst erfunden.

Er schwor und lästerte gegen alles Bewährte; im nächsten Augenblick wieder beliebte er – mitten aus dem launigen Gespräch eines gelungenen Picknicks heraus – beiseite zu treten, um, angesichts einer bemoosten Kluft oder eines Nebelstreifs, seine mürrischsten Tränen zu vergießen. Das eine war so unhöflich wie das andere, und sollte es sein. Die Schöpfung, wie sie ist, so war es gemeint, war ihm nicht vollkommen genug. Er hatte nämlich vor, in Sachen Welt ein schnelleres Tempo einzuschlagen als sein Schöpfer.

Ja, dieser Flegel war ein Flegel aus Philosophie, wenn anders man Philosophie nennen will, was keinen Inhalt hat und nur darauf aus ist, die Werke des Ewigen zu mißbilligen. Er warf den Bürgersleuten die Scheiben ein, aus Philosophie, und brachte einer armen Amtsperson aus Philosophie eine Katzenmusik. Er wälzte sich auf dem nackten Erdboden mit der hinweisenden Moral, daß der nicht das gebohnerte Parkett ist; womit er mich freilich nicht sonderlich beeindruckte. Ich kannte das schon, von meinem Pudel. Mein Loulouchen wälzt sich auch und ist kein Philosoph.

Aber wenn ich ihn zurechtwies, fühlte er sich wie Orest, raufte sich das Haupthaar und verlangte, ich solle ihn von den Furien erlösen, die der Tartaros, wenn ich das recht verstanden habe, ohne einer einzigen den Urlaub zu verstatten, auf seiner Spur versammelt hatte.

Hören Sie nun einen von den Briefen, zur Verdeutlichung. Ich halte ihn für ziemlich bemerkenswert, und es sind unter ihnen allen wohl wenige, die nicht die eine oder andere Lebensweisheit enthielten; er ist vom 14. April 1776 datiert.

Ich schrieb damals also folgendes.

»Sie wollen ja nicht einfach unartig sein, mein Freund, lieber ein Fall aus einem Trauerspiel. Sie benutzen das Wort Potz Hagel, weil Ihnen unser Jahrhundert nicht paßt; so stürzen Sie mir zur Tür herein, ein rasender Heros und Potz Hagel und Schlangen in den Haaren. Seien Sie vernünftig: was ist denn da der Zusammenhang? Das Jahrhundert mag einem passen oder nicht, aber ist das ein Grund, sich nicht zu kämmen? Und was haben Sie mir da von der Natur vorgeredet? Sollte ich Ihnen, was nicht sicher ist, erlauben, nächste Woche wiederzukommen, werde ich Sie bitten, mir zu erläutern, wieso Guten Morgen minder natürlich ist als Schlag der Donner drein«.

Wie viele solcher Mahnungen richtete ich an meinen Zögling. Hier eine weitere, vom 1. Mai 1776, mittags.

»Sie verlassen sich ein wenig zu sehr auf den Reiz, den Ihr Toben, als etwas anderes und eigenes, auf jedermann ausüben müsse; lassen Sie sich indessen warnen. Unstreitig, das Ungehobelte hat seine Art Nettigkeit. Aber das gilt doch nur an Stellen, wo wir den Mangel an Bildung als unvermeidbar verzeihen: im Kindlichen oder Ländlichen oder Einfältigen, kurzum, es gilt unter der Bedingung der Armut. Sollen wir, die wir bereits ein wenig gehobelt sind, uns noch mit der Axt erziehen lassen? Nichts ist alberner als ein reifer und unterrichteter Geist, der sich bemüht, was er ganz gut weiß, zu unterdrücken, um als ein rechter rauher Klotz zu erscheinen«.

Es gilt für ausgemacht, daß meine Einwirkung Erfolg hatte. Ich genoß das Lob der Gesellschaft, den Dank der Herzogin. Ich allein weiß, in welchem Maße ich gescheitert bin.

Zunächst glaubte ich selbst mich am Ziel. Goethe hatte eingesehen, daß er den Bauplan der Welt nicht nach seiner Vorstellung einrichten konnte. Es war also folglich die Reihe an ihm, sich einzurichten, aber daran dachte er zu meiner Überraschung nicht eine Sekunde. Er ließ die Welt Welt sein und blieb, der er war. Er hat niemals gelernt, mit dem Schöpfer einverstanden zu sein. Alles, was er je lernte, war, zur Schöpfung zu schweigen.

Hiermit erklären sich seine vielfältigen Zustände als ein einziger, und seine berühmten Verwandlungen haben nicht stattgefunden.

In seinen Rüpeljahren leitete er das Recht, ungezogen zu sein, daher, daß er ein Dichter war.

Ich rede nicht gegen die Schriftstellerei; ich habe selbst eine hübsche Mitgift dafür mitbekommen. Ich glaube überhaupt, die Frauen könnten es leicht ebenso gut und jedenfalls weniger lümmelhaft machen, wenn man ihnen die Zeit dafür übrig ließe. Den Autoren, das habe ich ja mit angesehen, fließt das Geld gar artig in die Tasche, und wenn unser armes Kochberg fortfährt, so wenig Rente zu tragen, werde ich es eines Tages sehr wohl mit Goethe aufzunehmen wissen. Das nebenher. Ich verwahre mich dagegen, daß man diese Fertigkeit unterbewertet, ebenso wie ich mich stets gegen die sinnlos hohe Meinung gesträubt habe, die Goethe von der Sache hatte.

Eines Tages mußte ich ihm mitteilen, daß man ihn für überheblich halte. »Das werden die Asseln vom Phönix auch gesagt haben«, erwiderte er.

Wir waren nämlich die Asseln, er der Wundervogel. Er wünschte uns mit einem Schlag in die goldene Zeit hineinzusingen, und er war tief verstimmt, wenn wir uns in der Legierung, aus der wir einmal gegossen waren, ganz leidlich wohlbefanden.

So war es freilich nur stimmig, wenn er das Dichten von einem Tag auf den andern an den Nagel hing, die Maxime aufstellte, es tauge nicht mehr für die gegenwärtige Epoche und sich einer neuesten Weise zuwandte, seinen Kopf durchzusetzen: der Politik. Auf die Poeterei folgte die Ministerei. Waren wir auch seiner Verse nicht wert, hieß das, so hatte er doch Mitleid für uns übrig. Er verschloß sich vor uns, immerhin ohne Haß. Er opferte sich für uns, die er verachtete; er war immer noch bereit, uns, die wir nicht gerettet sein wollten, zu retten.

Jeder sieht inzwischen, daß er dieser anderen Laune längst müde ist. Er verrichtet seine Geschäfte schleppend und mit gequältem Blick; wie oft trifft man ihn denn noch im Rate?

So wie man ihn gegen die Literatur hat wettern hören, als wenn sie für nichts nütze wäre, murrt er nun gegen alle Höfe und Kabinette und peinigt seine Freunde mit dem Anblick der den Polypen nahen fressenden Aufgußtierchen, der Anhörung von Humboldts Palmentabelle und dem Geruch eines leibhaftigen Elephantenschädels. Die Wissenschaft vereinigt ihn endlich mit der Wahrheit, ohne den beschwerlichen Umweg über unseresgleichen. Er kennt die Menschen und liebt nun die Skelette.

Er blieb, sagte ich vorhin, der er war. Ich wiederhole den Satz, mit Härte. Goethe blieb, nach all meinem Zuspruch, der alte unverschämte Schwärmer und Tagedieb. Und wie, so frage ich, kann man mir vorwerfen, ich hätte einem Menschen die Laufbahn abgeschnitten, dessen ganze Fortbewegung nur Maskerade ist?

Wer sei in der Welt so schnell hinaufgelangt wie er? Die so reden, kennen ihn nicht. Er selbst ist ja die Welt. Als er seine erste Stanze auf mich zustande gebastelt hatte, brachte er sie mir mit den Worten: »Da, sehen Sie, Liebe, die Deutschen können jetzt auch die Stanze«.

Die Unbefangenheit, mit der er auf seinen Nachruhm anspielt, ist kaum weniger empörend, als sie lächerlich ist. Er verkehrt mit Sokrates wie mit dem Hofrat Wieland. Und schlimmer: er verkehrt mit den Sokratessen des neunzehnten und zwanzigsten Jahrhunderts, den Sokratessen, die noch kommen werden, wie mit dem Hofrat Wieland. Sie sind seine wackern und vertrauten Freunde; sie sind alle miteinander seine Hofräte Wieland.

Während er so mit diesen Heroen, den gewesenen wie den künftigen, umgeht, läßt er uns allerdings spüren, daß wir keine sind. Soll er zu Hof, wird er im Voraus müde, und die ausgezeichnetsten Edelleute sind ihm ein fremdes Völkchen, wo gewissermaßen kein Wort auf eine Saite in ihm trifft. Nicht etwa, daß er verstimmt wäre, sie sind falsch gestimmt. Wir waren leider eingeschüchtert genug, Rücksicht auf derlei Empfindlichkeiten zu nehmen.

Wir haben die Gewohnheit aufkommen lassen zu dulden, daß er in Gesellschaft abseits hockt und mit Wasserfarben malt, die wir ihm, verpflichtet, wie wir uns schon fühlen, eigens hinstellen. Damit er nur beschäftigt ist, wenn wir ihn langweilen. Wir anderen dürfen uns ja langweilen. Keiner fragt: warum unterhält er uns nicht? Wer hat ihn aller Mitverantwortung entbunden? Wenn ihm nichts Unterhaltendes einfällt, so wie es uns nicht einfällt, so wäre das ja eine menschliche Schwäche, die wir gern verzeihen wollten, aber er hat erst nicht nötig, danach zu suchen. Und wir sitzen ohne Wasserfarben und haben Schuld und belästigen die Seele eines Unsterblichen.

Sehen Sie, Stein, das ist es, was ich mit meinem sänftigenden Einfluß erreicht habe. Ich habe die äußerlichen, die gossenhaftesten Unarten mit unendlicher Beharrlichkeit beseitigt; er stampft nicht mehr mit den Füßen. Aber die ihnen zugrunde liegende Unart – jenes jedes menschliche und insonders jedes weibliche Herz so tief beleidigende Selbstgefühl – habe ich nicht beseitigen können. Goethe erinnert mich heute wie vor zehn Jahren an den geschwollenen Hals eines Truthahns. Er war ein Lump; ich erzog ihn; jetzt haben wir einen erzogenen Lumpen: ein Genie.

Nein, Stein, das kann das gemeinte Ende nicht sein. Und zehn Jahre Mißerfolg, denke ich, sind genug Zeit, um den

Hoffnungsvollsten zu der Einsicht zu zwingen, daß er sich zu viel vorgenommen hat.

Ich wollte Goethe nicht für mich. Ich wollte ihn für Weimar und für die gesittete Welt. Er war nicht zu haben, und nun, nicht leichten Herzens aber mit vollem Bewußtsein, sage ich: er möge bleiben, wo immer er sich aufhält. Es ist nicht sehr schade um ihn.

Ich räume diese Zeugnisse einer vergeblichen Anstrengung weg. Ich werde kaum Grund haben, sie jemals wieder vorzuholen. Zum Schluß also noch einen Brief. Er ist vom 30. Oktober 77, und er faßt vielleicht den wesentlichen Inhalt dieser Bündel zusammen.

»Wann endlich, mein lieber Goethe, werden Sie unterscheiden lernen, was auf dieser Erde zählt und was nicht? Unser elendes, höchst vergängliches Dasein wird von wirklichen Ursachen bestimmt, so wie von Krankheit, Geldmangel und dem Urteil unseres Lebenskreises, und das beste, was uns zu wünschen erlaubt ist, sind Gesundheit, finanzielle Mittel und Anerkennung bei vielen Menschen von angemessener Stellung. Jene Ziele, die Ihr unverständiger Hochmut Ihnen vor Augen zaubert, sind zu unbescheiden, um etwas anderes zu sein als die unsteten Gebilde des Nebels, die überall hin wandern und keinen Halm bewegen. Wie spurlos bleiben die Aufschwünge des träumenden Wagemutes, wie flüchtig dauern die Leiden und Freuden der Sinne. Und die sogenannte Liebe ...« – das gehört nun nicht mehr in den Zusammenhang – »die sogenannte Liebe ist von überhaupt keinem Gewicht. Wie alle gewöhnlichen Leute sehr genau wissen, ist die Liebe ...« – ich lese es nur eben zu Ende, weil ich es einmal angefangen habe – »ist die Liebe eine bloße Erfindung der Dichter, und so wäre es ja überaus einfältig, wollte ich ausgerechnet einem Dichter glauben … Dichter glauben … Dichter glauben …« – ach, ich haspele … *Sie läßt den Brief fallen, hebt ihn umständlich vom Boden auf; beendet den Satz* »einem Dichter glauben, er fühle so«. Sie lügt!

→ Frau von Stein = bodenständig

Gegenpol zu Goethe

Goethe => Gefühle, Geist, Kunst

Leiden Freuden

· Liebe

II

Die Frau von Stein *fährt fort*

Da sehen Sie doch, wie die Zeit überm Plaudern wegläuft. Das Gespräch geht so hin und her, ein Wort gibt das andere, und ehe man sichs versieht, ist die Stunde für den Kaffee herangebrochen. *Sie läutet, zart.*

Eingestanden, Josias, ich wollte es nicht erwähnen. So wenig wir von den Verstorbenen Nachteiliges reden, sollten wir es von einem Entschwundenen, von dem wir wissen, daß er nicht zurückkehrt und sich niemals wird verteidigen können. Aber da seine Verfehlung einmal heraus ist: Ja, Josias, Goethe liebte mich. Er liebte mich über jedes vertretbare Maß, und ich werde Ihnen darlegen, warum ich diese unerlaubte Neigung Jahre lang ertrug, und ich werde Ihnen die Gründe auseinandersetzen, die mich bewogen haben, sie in diesem zehnten Jahr endgültig zu entmutigen. Es war nicht leicht für mich, weder das eine noch das andere; nun erst, da die Sache ausgelitten ist, sehe ich sie als die Lapperei, die sie im Grunde war. Außenstehende haben gut reden.

Was glauben Sie, wie Goethe mir jetzt zugesetzt haben würde, des Kaffees wegen?

– So schlagen Sie meinen Rat in Absicht des Kaffees aus dem Wind?
– Aber ich versichere Sie, er ist ein wunderwirkendes Mittel.
– Diese Diät, liebe Frau, ist Ihrer Gesundheit höchst schädlich.

»Höchst schädlich«, hören Sie ihn nicht selbst? – Ich würde mich über seine heimatliche Mundart nicht lustig machen, wenn er nicht die Stirn besäße, unsere Weimarische Sprache für die mißtönendste in ganz Deutschland zu erklären. Dabei ist sie, meines Dafürhaltens, ein ebenso reines Sächsisch wie jedes Leipziger oder Meiningerische auch. »Höchst schädlich«, also.

– Sie werden laut und spitz und redselig, und Sie messen Geringfügigkeiten übertriebene Bedeutung bei.
– Solche Vorwürfe, mein Herr, wenn ich einmal, gestärkt durch den Trank der Muselmänner, von meiner Zurückhaltung, über die Sie sich sonst beschweren, ein wenig verliere?
– Ich bitte Sie um Offenheit, angebetete Charlotte, Unbeherrschtheit indessen läßt Ihnen nicht.

Goethe trinkt seinen fränkischen Wein, ohne viel zu sorgen, ob es ihm läßt. Seine Backen röten sich und zeigen häßliche Adern, die Augen sind verschwollen, das gedunsene Gesicht zergeht in unedle Falten, und er redet mit schleppender Zunge – tiefe Dinge; immer noch tiefe Dinge, es mag so sein; tiefe Dinge also mit schleppender Zunge und ohne Zierlichkeit. Läßt es ihm? Ist mir nicht billig, was ihm recht ist? Nein. Ich bin eine Frau. Einem Mann bleibt, hat ihn der Anstand verlassen, sein Verdienst; eine Frau hat kein Verdienst außer dem, als ein Muster des Geziemenden ins gemeine Leben zu glänzen. Ich bin wie Leonora oder Iphigenia und darf daher keinen Kaffee trinken.

Läuft zur Tür. Rieke, der Kaffee, wo bleibt der Kaffee? Schläfst du auf deinen Löffeln? – Ja, warum ich ihn nicht abgewiesen habe.

Ich habe Goethe nicht abgewiesen, weil er mich erpreßt hat, ihn um mich zu dulden. Ich sage: erpreßt, und die Sachlage spricht für sich. Was hätte mir an der Liebe eines Menschen gefallen sollen, der mir selbst niemals gefiel?

Seine Schmeicheleien hatten von Beginn etwas Abstoßendes, dadurch, daß er nicht unterlassen konnte, sie mit der Verhöhnung aller übrigen Menschen zu verbinden, gleichsam als zählte ich nicht zu ihnen. Er erklärt mich zur Ausnahme, und ich will diese Ausnahme nicht sein.

Wenn er mich im Saal wisse, versichert er, könne er sogar eine Redoute überstehen, ohne in Ohnmacht zu sinken. Fühlt er nicht, daß er damit seine Ungezogenheit – denn seine Ohnmachten sind Ungezogenheiten – noch verschlimmert? Ich habe doch mein Vergnügen an der Veranstaltung. Ich weiß doch, daß ich in seinem Auge ebenso verächtlich wäre wie der Rest der Gesellschaft, wenn er sich nicht in den Kopf gesetzt hätte, in mir die Verkörperung des von ihm ersonnenen Zukunfts-Hofwesens zu erblicken. Er liebt nicht mich, sondern einen Plan von sich, dessen unvorhandenen Leib ich vertrete. Dafür sollte ich mich bedanken? Dafür bedanke ich mich.

Lieber als zum Konzert bei der Herzogin ginge er zu mir: das sollte mir behagen? Niemand fesselt ihn an diese Stadt als ich: das sollte meinem Gefühl wohltun? Diese Verhimmelungen sind nichts als Andeutungen, daß ich ihn im Grunde herunterziehe, außer er beliebt, mich in seiner Einbildung zur Muse zu erhöhen. Er macht mich zum Marmorbild, das ist, er schämt sich meiner. Die Rechnung kann nicht aufgehn. Ich gehöre zu den gewöhnlichen Menschen, und wenn er mich lieben will, soll er die gewöhnlichen Menschen eben mitlieben.

Das habe ich ihm wohl zu verstehen gegeben, aber wenn er um etwas nie verlegen war, so um Arglist. Da ich seine Götzin nicht sein mochte, zwang er mich durch Anbetung.

Meinen Gründen begegnete er mit Hingabe, sprach ich, stammelte er, warf ich mich in Waffen, streckte er die seinen. Dieser Mann, vor dem alle zittern – mir zeigt er sich in seiner ganzen Schwäche. Der keinen Menschen liebhat, für mich rast er. Der von allen gebraucht wird, braucht mich. Ich darf meine Stellung nicht verteidigen, ohne ihn zu verletzen, so tief in der Seele, nicht wahr? Ich bin sein Lebensanker; halte ich ihn nicht, gibt es keinen Halt mehr.

So geliebt werden ist seinem Todfeind begegnen.

Sie, Stein, reden genau wie die Nachwelt; ich will sagen, wie Goethe mir immer erklärt hat, daß die Nachwelt unweigerlich reden werde. Goethe ist unersetzlich – für Weimar, sagen Sie, für die Menschheit, sagt er. Meine Pflicht, das folgt, ist, ihn zu laben, ihn zu beruhigen, ihn bei Laune zu halten. Wieso eigentlich meine?

Soll ihn doch Weimar bei Laune halten, wenn es seiner benötigt. Soll ihn doch die Nachwelt lieben.

Bin ich etwa ersetzlich? Ich habe auch nicht mehr Seelen als eine. Wenn ich mich um dieses erhabenen Erpressers willen zerstören lasse, finde ich so wenig einen Ersatz für mich, wie er einen für sich finden kann.

Ich bin kein Genius, ich darf mich getrost opfern? Eben weil ich kein Genius bin, bestreite ich diesen Anspruch. Ein Opfer hat ja wohl nur Reiz für denjenigen, der nachher am

Sternenhimmel oder an den Mauern der Gymnasien landet. Ich lebe, und anders als Goethe, nur, solange ich lebe.

Ich habe Pflichten gegen mich selbst, meine Kinder, meine Verwandtschaft. Hiernach kommen meine Pflichten gegen den guten Ton und all jene Einrichtungen, die die Welt für irdische Menschen erträglich machen. All dies besorgt, mögen allenfalls die Boten der Unsterblichkeit ihre Forderungen anmelden.

Und niemand, auch mein Gatte nicht, hat das Recht, sich zu verwundern, wenn ich eines Tages sage: es reicht.

Klopfen.

Habe ich nicht befohlen, mich nicht zu stören? – Was, gib her.

Sie geht zur Tür, nimmt den Kaffee ab. Ich werde den Zucker zählen, Rieke, verlaß dich drauf.

Der Trampel kommt mir aus dem Haus, aber es wird gar nichts bessern; das niedere Volk ändert sich einmal nicht. Ich habe die Schwärmerei für diese Gretchen und Klärchen stets für so weltfremd gehalten, wie sie sicherlich unanständig ist. Selbst wer ihnen sehr wohlwill, muß zugeben, daß die Rechtschaffenste von ihnen nicht über das bißchen Treue oder Ehrgefühl verfügt, um länger als zwei Wochen bei mir auszuhalten. Und bei Gott, ich verlange nicht viel.

Die Tasse, übrigens, hat Goethe bemalt. Man könnte es herausspüren, selbst wenn man es nicht wüßte. Sie ist viel ungeschickter als die jedes Porzellanarbeiters in Ilmenau, so wie ja auch kaum eines seiner Theaterstücke nicht unwirksamer ist als das beiläufigste Stück des Herrn von Kotzebue. Goethe ist ein sehr eigenartiges Talent.

Er beherrscht alle Fertigkeiten, wenn man einmal davon absieht, daß er keine beherrscht. Oder anders: er kann gar nichts, das allerdings hervorragend.

Selbst seine Weise, sich einer Frau zu nähern, ist so fehlerhaft, daß sie bereits wieder imstande ist, ein Herz zu verwirren. Ich will nichts verharmlosen. Goethe war wenig zu loben, aber er war keineswegs ungefährlich.

Das sage ich, die ich wohl von allen Frauen der Welt am gründlichsten gegen die Anschläge des männlichen Geschlechtes geschützt bin. Ich kenne die Männer besser als jede andere; denn ich entsinne mich keines Tages in meinem Leben, den ich nicht damit zugebracht hätte, vor ihnen zu zittern. Die Angst machte mich scharfblickend. Und was ich am Manne wahrnahm, waren drei Eigenschaften.

Der Mann ist stark. Er wendet seine Körperkraft nicht gegen uns an, aber die törichte und grobe Art seines Zufassens erinnert uns stündlich daran, daß er mit uns verfahren kann, wie er will.

Der Mann ist verfolgungswütig. Er verfolgt irgendeinen Zweck und vergißt alles darüber; sich selbst und, was er nämlich damit gerechtfertigt glaubt, jeden anderen Menschen. Dieses Ungeheuer trägt Scheuklappen.

Das Gehirn des Mannes arbeitet nicht anders als das der Wahnsinnigen. Er ist fähig, von einem Ausgedachten, im Scherz oder Ernst, zu reden, als sei es wirklich vorhanden.

Wenn solch ein Mann, schlußfolgerte ich, nun einen Wahn für eine Sache nimmt und ihm, ohne rechts oder linkshin zu blicken, nachgeht und nicht zögert, seine gesamte Gewalt zu brauchen: wird er mir dann nicht – gleich einem Riesenkäfer mit seinen stumpfen Bieraugen, der, lärmend und schlechtriechend, mit ungeheurer Kraft einem Ziel entgegenrasselt, das es nicht gibt oder das niemand verstehen kann – gegen den Kopf oder das Herz knallen, als ob ich nicht da wäre?

Der Vater war bereit, mich mit dem Stock ums Leben zu bringen. Sie, Josias, mit dem Wochenbett.

Sie haben in den neun Jahren, bevor Sie sich endgültig von mir ab und Ihren Mastochsen zugewendet haben, sieben Mordversuche an mir begangen. Sie haben jeder Seuche in Ihrem Marstall mehr Aufmerksamkeit gewidmet als aller Krankheit und allem Leiden in Ihrem eigenen Haus; Sie hatten mehr Zartgefühl für Ihre Stutereien als für meine Wochenstube. Sie sind ein Mann, Josias. Der Mann ist der Mensch, der tötet.

Man schilt uns Frauen gefallsüchtig, weil wir zu fürchten vorgäben, was wir im Grunde doch wollten: die Liebe des Mannes. Aber wenn wir schon Schelte verdienen, sollte man uns dafür tadeln, daß wir zu wollen vorgeben, was wir fürchten. Wir wollen ja nicht, wir müssen ja wollen. Bleibt uns eine Wahl? Was wären wir denn, vor uns selbst und vor der Welt, wenn wir nicht jenes widerliche Ziel erreichten, das nicht wir uns gesetzt haben? Der Krebs frißt sein Weibchen nach der Paarung; ihre Vermählung ist eine Vermahlzeitung; und vermutlich ziemt sich für eine Krebsin zu sagen, dies sei der rosenrote Inhalt ihres Träumens.

Ich werfe Ihnen nichts vor, Josias. Sie haben mir geholfen, die Dinge zu betrachten, wie sie sind. Und da ich im Reiche der Gefühle klarer sehe als mein Geschlecht sonst, wird es so leicht keinem zugereisten Schöngeist noch gelingen, mir einen Schreck einzujagen.

Die Schwierigkeit bei Goethe, ich deutete es an, lag darin, daß er der unbeholfenste Schöngeist war, den ich je getroffen habe. Ein Kavalier von einigem Geschick, sich auszudrücken, wird, früher oder später, zu mir sagen: Ah, Charlotte, nicht Sie, Ihr Herz sollte Ihren Namen tragen, es ist wahrhaftig von Stein; hierauf pflege ich zu entgegnen: Gewiß, mein Herr, es ist ein Probstein Ihrer Aufrichtigkeit. Das ist natürlich jedesmal eine artige kleine Parade; glauben Sie nun, Goethe, der sich doch einen Dichter nennen läßt, wäre wohl je darauf gekommen? Jetzt, wo ich Sie frage, wissen Sie es: nein. Aber geben Sie zu, Sie hätten es nicht für möglich gehalten.

Ich habe, wie jedermann, das unschuldige Bedürfnis, meine wenigen Mittel auch zur Geltung zu bringen. Ich plänkle gern ein wenig. Ich greife an, ich wehre mich. Ich bin eine austauschende Seele. Mit Goethe aber kann man sich nicht unterhalten.

Nichts gegen die tiefen Blicke, das zärtliche Gestammel. Sie sind gut für eine abgemessene Zeit des Vertraulichwerdens, aber irgendwann muß ja auch eine ernsthaftere Erörterung folgen. Wenn der Kinderton ist: man spricht über Dinge des Herzens, und der erwachsene Ton: man spricht über die Dinge in der Stadt, so sind wir in den zehn Jahren übers Backfischgeplapper nicht hinausgelangt. Es gibt kaum Abgeschmackteres. Man lispelt von Liebe, weil man nichts besseres zu sagen findet.

Wofern er versucht, ernsthaft zu reden, redet er zu mir, nicht mit mir. Sie wissen, wie er sich äußert. Und er hält leider für richtig, vor einer Frau, mit der er allein ist, dieselben Abwegigkeiten vorzubringen, mit denen er schon die Teegesellschaften der Herzoginmutter an den Rand des Schlafs bringt. Man kennt die Weise, man kann nur duldend weghören.

Ich weiß einen Ausspruch von ihm, der Hand und Fuß hatte. Er sagte einmal: »Finden Sie nicht den Strickbeutel der Göchhausen zu grün, meine Liebe?«. Die Bemerkung ist mir unvergeßlich geblieben. Der einzige vernünftige Ausspruch von Goethe in zehn Jahren.

Die ganze Last der Konversation lag also auf mir. Er ließ mir wohl schon das Wort; hatte ich es aber gefunden, lobte er, Tränen an den Wimpern, den Zauberklang meiner Stimme. Oft ertappte ich ihn dabei, daß er mir überhaupt nicht zuhörte. Und hatte ich ihn endlich, unter Aufbietung all meiner Beharrlichkeit, in einen Stoff verwickelt, blieb seine Schnelligkeit ohne Geist, und seine Lebhaftigkeit, das war unmißverständlich, diente nicht, um das Gespräch mit Anmut weiterzuführen, sondern es ging ihm darum, meinem Anfang ein Ende zu machen. Ich schenkte ihm einen Gesprächsgegenstand, und er wußte nichts besseres damit, als ihn zu erledigen.

Ich spüre, daß ich nicht recht deutlich bin. Es ist nicht mein Fehler. Die Undeutlichkeit liegt im Wesen der Person, über die ich spreche. Ich muß mir helfen und einige dieser Unterhaltungen wiederholen, so wie sie stattgefunden haben.

Er überreicht mir ein Petschaft mit der eingeritzten Inschrift »Alles um Liebe«. Ich sage also:

– Ihr Petschaft trägt einen sehr albernen Spruch, und ich werde es natürlich niemals zur Hand nehmen. Wie, Sie weinen?
– Selbst ein Kind darf weinen, wenn es für seinen guten Willen gescholten wird.
– Sie sind ein böses Kind, Goethe. Ich befehle Ihnen, Ihre Launen abzulegen.
– Was ist mit Ihnen, meine teuerste Freundin? Sie sind unglücklich?
– Ich unglücklich? Wie kommen Sie darauf?
– Aber ich gebe Ihnen zwei Gelegenheiten, mich zu lieben, mein Geschenk und meine Tränen, und Sie lassen beide ungenutzt vorbeigehn.

Oder – weil er den Versuch nicht aufgibt, mit mir auf den Du-Fuß zu kommen:
– Wenn Sie mich mit du anreden, ist es mir kaum weniger zuwider, als wenn Sie mich berührten.
– Sie sind kalt, meine Freundin.
– Was hält Sie dann bei mir, bester Herr?
Goethe sagt:
– Oh, ich schätze Kälte bei Frauenzimmern, sie ist ein Ersatz für eine selbständige Denkart.
Wie soll man so ein Gespräch fortsetzen?

Damit wir uns verstehen, es ist nicht Schlagfertigkeit, die ich ihm verüble. Goethe ist nicht schlagfertig, im mindesten nicht. Auf die einfachste Bemerkung weiß er oft keine Antwort. Ich wäre ja glücklich, wenn er es wäre; niemand ist leichter abzufertigen als schlagfertige Leute. Sie sagen das Gegenteil, man sagt wieder das Gegenteil, es kommt auf nichts an.

Nein, Goethes Bosheit ist nahezu treuherzig. Er schätzt Kälte wirklich.

Dieser Mensch hat keinen Charakter. Keine Gewohnheit, die man bekritteln, keinen Grundsatz, den man kränken könnte. Während man nach einer unfesten Stelle ausspäht, entdeckt man noch nicht einmal eine feste, und man fühlt selbst den Boden unter den Füßen schwanken. Man bedenkt den nächsten Schritt, macht Fehler, gewährt, wo man hätte verweigern sollen, stößt ab, wo man vorhatte anzuziehen. Plötzlich ist man an dem Punkt, sich, anstatt mit des Herrn Schwächen, mit seinen eigenen Schwächen zu beschäftigen.

Ein Mann ist ein Satz. Die Frau ist die Gesamtheit aller möglichen Verneinungen dieses Satzes.

Goethe ist die Gesamtheit aller möglichen Sätze, die Verneinungen nicht ausgeschlossen.

Er ist kein Bestimmter und dennoch nicht niemand. Er ist höchst entschiedener Maßen er. Wie, er selbst und kein Satz? Was dann?

Ich kann es Ihnen verraten, denn er hat es mir oft genug zu verstehen gegeben. Er ist ein Gott, nichts Geringeres. Er hat übrigens auch Anspruch auf die Rechte eines Gottes, was heißt: Anspruch auf uneingeschränkte Selbstsucht. Beispielsweise schläft er viel.

Stellen Sie sich folgende Szene vor Augen. Ich mache ihm Vorhaltungen. Er gerät in unbeschreibliche Erregung, knirscht mit den Zähnen, wälzt sich am Boden, ja, er zerrauft sich die Frisur, – Sie wissen, daß ich ihn immerhin vermocht habe, das Haar geordnet zu halten. Und mitten in all dem zieht er die Uhr aus der Weste, läßt sie repetieren und sagt: Sie werden entschuldigen, liebe Frau, verschieben wir auf ein andermal, ich habe morgen ein Kapitel vom Meister zu beenden und bedarf einiger Stärkung durch hinlänglichen Schlummer.

Natürlich hindere ich ihn am Gehen. Er muß bleiben, will fort; nach einer halben Stunde, einer Stunde endlich setzt er seinen Kopf durch. Ich erröte, wenn ich jetzt zugeben muß, erst nach Jahren begriffen zu haben, daß er diese Stunde Verzögerung bei dem Zeitpunkt, den er für seinen Aufbruch wählt, mit einrechnet.

Mag sein, Goethe hat zehn volle Jahre, Tag und Nacht, an mir gelitten. Aber ich wette meine Seele, daß er keine zehn Minuten Schlaf an mir verloren hat.

Finde sich eine Frau hiermit ab. Welchen Menschen erwartet morgens die Arbeit nicht? Welcher Mensch wagt, wo Tränen der Verzweiflung fließen müssen, sich auf sein Ruhebedürfnis zu berufen? Wenn er verzweifelt ist, kann es ja nicht viel verschlimmern, daß er zusätzlich müde ist. Nun, Goethe ist dieser Mensch; denn er ist Gott. Wenn Gott morgens an Schläfrigkeit leidet, freilich, dann kann ja doch die Sonne nicht aufgehn.

Nur ist ein Unterschied. Götter werfen ihre Schatten auf unsere Welt, aber ein recht gutes Gefühl für Stimmigkeit verbietet ihnen, zwischen uns zu wandeln. Wir verehren sie, wofern ihre Erhabenheit durch Vergangensein oder Entfernung abgemildert ist, – um mit uns zu leben, reichen einfach ihre Manieren nicht hin.

Ich räume ein, daß meine Angriffe an Feinheit verloren und oft auf die Stufe sinnloser Schmähungen und ungezielter Beleidigungen herabsanken. Aber wie zielt man aufs Wesenlose? An welcher Ferse trifft man einen Gott?

Eine Schwäche, die alle am sorgsamsten verbergen, zeigt er am liebsten: Furcht. – Ich fürchte mich vor der großen Welt, vor Ihren Augen, vor Ihrem Pudel. – Wie bringt er dies Geständnis vor? Mit der selbstzufriedenen Miene, mit der andere gestehen, eine Schlacht geschlagen zu haben.
Ich schimpfe drauflos:
– Sie fürchten sich keineswegs, mich aufzufordern, obgleich Sie beim Kontertanz eine höchst ungeschickte Figur machen.
– Meine Furcht, ohne Sie zu sein, war stärker.
Ich sage, was mir einfällt:
– A propos, Sie reiten auch nur eben leidlich.
– Schlechter als leidlich, und ich habe ernstlich im Sinn, es aufzugeben.

Es aufgeben! Das Reiten! Wieder dieses Ausweichen ins unverfolgbarste Paradox. Gibt es auf der Welt einen einzigen Mann, der nicht an der Torheit krankt, zu glauben, er sei der anmutigste und sicherste Reiter? Ich darf zu Ihnen, der Sie im Herzogtum am anerkannt besten zu Pferd sitzen, so sprechen. Ein Mann, der nicht reitet, ist wie eine Frau, die nicht stickt. Goethe nebenbei, er stickt nicht übel, keineswegs übel.

Mir ist noch übrig zu sagen:
– Lügen Sie nicht, ich kenne Sie.
– Woher?
– Ich kenne die Männer.

– Alle, meine Liebste?
– Alle.
– Aber dafür reicht kein Leben.
– Ich kenne meinen Vater, ich kenne Stein, ich kenne den Herzog. Glauben Sie, ein anderer Mann könne so völlig entgegengesetzte Eigenschaften haben?
– Sie haben Recht, nein.
– Ah, Sie geben mir Recht?
– Aber ich bin kein Mann, Lotte. Ich bin Goethe.

Dies war verhängnisvoll wahr. Es fiel mir wie eine Binde von den Augen. Goethe war kein Mann, weil er es nicht für erforderlich hielt, einer zu sein, und ich, durch Vernunft und Erfahrung gegen die Liebe zu jeglichem Manne gefeit, liebte nun … liebte nun … liebte … *Sie läßt die Tasse fallen, sammelt die Scherben auf.*

Ja, es war Liebe, Josias, reinste, edelste, hingebendste Liebe. Aber derjenige von uns beiden, der geliebt hat, war ausschließlicher Maßen ich.

III

Die Frau von Stein *fährt fort*

Goethe, so glauben viele, sei nach Weimar gekommen und habe sich, binnen weniger Tage, willenlos in mich verliebt. Der wirkliche Hergang war anders. Goethe kam nach Weimar mit dem festen Vorsatz, ein Verhältnis mit mir zustandezubringen.

Vergessen wir nicht: dieser aufstrebende junge Advokat und berüchtigte Poet gelangte zum ersten Mal in bessere Kreise. Er hatte sich eine Dame von Hof zu lieben vorgenommen, und Herr Doktor Zimmermann hatte ihn auf mich neugierig gemacht. Es ist nur natürlich, daß er nach kurzer Umschau gefunden hatte, daß ich seinem Plan hinreichend entsprach, und daß er mir also versicherte, sein Herz gehöre mir für ewig. Ein sehr gewöhnlicher Unsinn, aber was soll das Wort Liebe in dem Zusammenhang? Ich maße mir keineswegs die Vorzüge an, die genügen, um die Liebe eines Goethe zu begründen. Aber hätte er nicht wenigstens vorher einen Blick auf mich werfen können, bevor er beschloß, mich zum Gegenstand seiner weltbedeutenden Leidenschaft zu erklären? Auf die Gefahr hin, der Eitelkeit überführt zu werden: ich hatte das Bedürfnis, mit meiner Person, unwichtig, wie sie einmal ist, an dem Geschehen beteiligt zu sein.

Aber das bewerkstelligte sich nicht leicht. Ich sah schnell, daß ich die falsche war, und daß das nicht an mir lag. Jede wäre die falsche gewesen. Diese glücklichste Befindlichkeit des Herzens haben ihm die Götter versagt. Er ist jeder aufrichtigen Zuneigung unfähig. Ihm ist kein Gefühl bekannt, weil ihm keins fremd ist; er glüht auf Beschluß, weil er niemals glüht.

Goethe ist Junggeselle. Ein Junggeselle aber – wenn ich je eine Erfahrung gemacht habe, dann diese – ist ein Mann, der nicht lieben kann. Im Gemüt eines Unverheirateten über dreißig werden Sie unfehlbar eine morsche Stelle wahrnehmen, die im Wachstum begriffen ist. Die Ehe, Josias, – mag sein, unter dem Gesichtspunkt, aus dem sie eingegangen worden, unter dem Gesichtspunkt der Liebe betrachtet, ist sie eine Täuschung. Aber es zeugt von keinem aufrechten Herzen, in dieser Hauptangelegenheit des Lebens voraussichtig gehandelt zu haben. Goethe liebte nicht einmal Loulouchen.

Übrigens, eines Tages schenkte ich ihm ein blaues Band, er genoß diesen Triumph sehr. Hinterher mußte er ansehn, daß ich Loulouchen ein lila und silbernes Bändchen umgebunden hatte. Das hat ihn mächtig verstimmt.

Die Junggesellen wollen uns weismachen, sie mieden die Anstrengungen der Ehe, weil sie für die Liebe geboren seien. Was sie in Wahrheit meiden, sind die Anstrengungen der Liebe.

Welche Opfer habe ich nicht um meiner Liebe willen gebracht. Ich mußte für Goethe Zeit haben, ungeachtet meines reichlich gefüllten Tagesplanes. Ich mußte mich zur frühesten Stunde in meinem Staat und Putz herzeigen, ungeachtet meiner häuslichen Verrichtungen. Ich mußte die Vertraulichkeit unseres Umgangs ermöglichen, ungeachtet der Forderungen des äußern Rufs, von denen zu schweigen, welche die innere Stimme der Sittlichkeit erhebt. Von Goethe wurde kein Gegenopfer verlangt. Er hatte Muße, Oden zu machen und sich zu frisieren, wann immer ihm danach zu Mut war, und was seinen Ruf betraf, konnte der durch Unvorsicht nur gehoben werden.

So nämlich steht es um das amouröse Wesen der Junggesellen. Sie freuen sich festlicher Stunden; danach eilen sie in ihre Kammer und erholen sich.

Und wenn ich mich zu irgendeinem Zeitpunkt der törichten Einbildung hätte hingeben mögen, Goethe könne mich lieben, so hätte er allerdings gesorgt, daß diese Einbildung mir rasch vergangen wäre. Das erste, was er mir mitteilte, war seine unumstößliche Absicht, Junggeselle zu bleiben. Er schrieb eigens ein Theaterstück, worin stand, er werde mich auf der Stelle heiraten, falls ich nur erstens zwanzig Jahre jünger und zweitens seine Schwester wäre. In der Tat, das war recht artig zu lesen.

Als ihm der Doktor Zimmermann meinen Schattenriß vorgelegt hatte, hatte er darunter geschrieben: »Siegt mit Netzen«. Mit Netzen, ich? Ich? O Goethe, du schändliches Weib.

Aber nun fragen Sie mich, Stein, wie es möglich war, daß ich zu diesem Mann oder Menschen, oder was immer, dessen Gleichgültigkeit ich im Augenblick durchschaut hatte, mich mit solch unwiderstehlicher Macht hingezogen fand. Nun, mein Guter, es war eben um dieser Gleichgültigkeit willen. Wissen Sie nicht, daß wir Frauenspersonen lieben müssen, wo wir nicht siegen können?

Goethes Gewalt über mich beruhte in der Grenzenlosigkeit seiner Eigenliebe. Und das Geheimnis seiner Eigenliebe wiederum war: sie war um die Liebe zu keinem anderen Menschen vermindert.

Sonst, wenn wir ehrlich sein wollen, hatte er nicht eben viel zu seinen Gunsten vorzuweisen. Er liebte sich ohne besonderen Grund, und das Mißverhältnis zwischen der Höhe seines Selbstgefühls und dem Mangel an wirklichen Erfolgen ist die Formel, die ihn erklärt.

In der Tat ist Goethe bei allem, was er erstrebte, gescheitert.

Es ist ihm mißlungen, sich in einem Beruf einzurichten. Jeder weiß, daß er seinen Ehrgeiz darein setzte, ein Maler zu werden, und daß er es nicht erreicht hat. Nun ist er am Ende wieder zur Schriftstellerei zurückgekehrt, also nichts geworden. Schließlich Schriftsteller, das ist kein Beruf.

Bei den Frauen war er stets glücklos, und wie dürftige Eroberungen er gemacht hat, erkennt man daran, daß er nie verabsäumt, auf sie hinzuweisen. Ich erinnere mich an einen Brief aus der Schweiz, worin er alle besucht und mir versichert, wie innig sie an ihm, als einem Unvergeßlichen, hängen; übrigens reibt er mir ihre Tugenden unter die Nase, um zu betonen, daß ich deren entrate. Die Liste ist reichlich albern. Ein bis heute unverdorbenes Schäfermädchen namens Friederike, eine hüpfende Muntere namens Lili und, wenn ich ihm glauben wollte, die Branconi, die Kokotte. Es ist unwidersprochen: all diese Tugenden habe ich nicht. Ich habe mit seinen Verflossenen eines gemeinsam: daß ich dem Geschick danke, welches nun auch mich von ihm befreit hat.

Sagen Sie, ist heute nicht Posttag? Es soll nichts zur Sache, es fiel mir nur eben ein.

Seine politischen Ziele, gottlob, widerlegten sich selber. Mir ist recht deutlich, daß er sich mit dem Herzog zusammen vorgenommen hatte, uns Adelige mit der Ehrenlast des Steuerzahlens zu beglücken. Aber unser Fürst hat rechtzeitig erfaßt, daß seine bestgefüllte Kasse sehr wenig sicher stände, wenn er ausgerechnet diejenigen treuen Seelen in den Schuldturm beförderte, die bereit sind, sie gegen den Neid des Pöbels zu verteidigen.

Was Goethen aber die größte Enttäuschung beschert hat, war sein närrischer Ehrgeiz in Betreff auf die menschliche Rasse überhaupt. Wie eifrig war er nicht, sie zur Humanität zu bekehren, nur war die Menschheit nicht eben so eifrig, ihm zu folgen. Herr von Kotzebue hat hierzu eine sehr treffende Anmerkung beigetragen. Früher, so sagte er, reichte es für uns Deutsche hin, Gemüt zu haben, heute muß es unbedingt Humanität sein. Humanität, was ist das Rechtes? Brauchte das Ding einen lateinischen Namen, wenn es sich fühlen ließe? Und ich sagte zu Goethe: Geduld, mein junger Freund, der Fortschritt kommt bestimmt, und ich bin überaus froh, dort zu leben, wo er nicht kommt.

So viele Zwecke Goethe also hatte, so viele Gründe hatte er, mit sich unzufrieden zu sein. Um nun seine Eigenliebe nicht in Gefahr zu bringen, hatte er sich für diese Unzufriedenheit eine Ursache zurechtgemacht: das Wetter.

Unter seinen Schimpfworten ist das Wort Wetter das wütendste. Er ist fähig, vom Henker mit Verständnis zu reden, nicht vom Wetter. Er spricht vom entsetzlichen oder vom unerträglichen oder vom thüringischen Wetter, aber es bedarf dieser verdammenden Schmucknamen nicht, das Wort Wetter allein sagt schon alles. Es wird nur von einem einzigen, noch tödlicheren Fluch übertroffen, dem Wort Jahreszeit. Dieser Unchrist, der an keinen Teufel glauben will, glaubt statt an denselben ans Wetter, und es gibt gar keinen Unterschied; vom Wetter nämlich hat er beschlossen, daß es an allem schuld sein muß. Der Himmel Weimars ist seine Hölle. Das Wetterglas ist sein Kruzifix, vor ihm verrichtet er seine Andacht.

Im November ist es das neblige Wetter, im Dezember das stürmische, im Januar das strenge, im Februar das feuchte, im März das unvollkommene, im April das launische, und so geht es immer fort. »Bei solchem Himmel«, sagt er, »ist mir selten recht wohl, Sie wissen es, liebe Frau«; ich habe die Stube heizen müssen wie einen Backofen; wir schreiben Juni. Er langweilt mich einen vollen Abend mit Kopfhängerei; – »Sie müssen heute Nachsicht mit mir üben, Lotte, in diesen Monaten macht mich das Wetter zu manchem Guten untüchtig«; es handelt sich um den Juli oder den August. Ich sehe die herrlichste Sonne scheinen, aber ich habe Nachsicht zu üben.

Ich bin eine kranke Frau, Goethe ist ein kräftiger Mann, dem Zeit seines Lebens nie etwas gefehlt hat. Ich würde mir, geplagt, wie ich bin, nicht gestatten, mich auf einen kleinen Regenschauer oder den Föhnwind herauszureden. Es zeugt von unglaublich wenig Haltung, es ist ein mehr als unstatthaftes Sichgehenlassen. Es ist der Ausdruck eines nicht zur innern Stimmigkeit gediehenen Gemütes, das den eigentlichen Quell seiner Mißgelauntheit vor sich selbst geheimhält, daher diese, wie das in solchen Fällen sich gewöhnlich beobachten läßt, in verwandelter Form umso ungehemmter hervorbricht. Oder, wie unsere liebe

Göchhausen einmal mit so treffender Spitze fallen ließ: Er glaubt, seine Stimmung richte sich nach dem Wetter. Die Wahrheit ist natürlich, daß sich das Wetter nach seiner Stimmung richtet.

Ja, Stein, so war das Scheusal beschaffen, das ich aus dem Seelengrund liebte. Er war leer im Herzen, zerstört im Sinn und zerstörerisch in allem seinen Trachten.

Ich wollte ihn mir erhalten. Ich wollte, daß er mein sei, solange ich das wünschte, und daß ich es sei, der, wenn es genug war, ihm den Abschied gab. Wie kam, daß es mir gelang? Wie ging zu, daß ich diese wunderbare Leistung vollbrachte? Nun, ich weiß die Erklärung. Mich rettete der Abscheu vor seinem Geschlecht. Die Angst, die ich vor ihm hatte, machte mich zum Sieger über ihn; meine Flucht erwies sich als der einzig wirksame Angriff.

Hätte ich Goethe vertraut, er hätte mich gefressen und ausgespien. Ich wies ihn zurück und sah, wie in diesem Mann, der nicht lieben konnte, eine Art Eifer entstand, sich meiner zu bemächtigen.

Halten Sie eine Sekunde inne, mir scheint, ich höre die Post. So, das ist Einbildung?

Ja, ich hatte seither reichlich Gelegenheit, die Ordnung der Griffe auszuarbeiten, mittels deren der Mann sich an die Kette legen läßt. Da er, außer zu den gemeinsten Trieben, zu keiner Empfindung fähig ist, muß die Frau sich zu seiner Aufgabe machen. Einer Aufgabe kann er nicht widerstehen. Seine männliche Natur befiehlt ihm, dieselbe, um den Preis seiner Selbstachtung, zu lösen.

Bleibt die Frau standhaft, wird der Mann leiden: keineswegs an Liebesqual, umso mehr aber an seiner Unzulänglichkeit. Er beschäftigt sich nach einer gewissen Zeit überhaupt nicht mehr mit der Frau, sondern lediglich mit sich selbst. Er liebt nicht das Weib, welches sich ihm widersetzt, sondern das Leid, welches sie ihm zufügt, und die Liebe zu Leiden ist die einzige Art Liebe, die von Dauer ist.

Gleich am Anfang hat mir Goethe eins von seinen Gedichten geschickt. Es ist übrigens inzwischen gedruckt, gar nicht ohne Beifall.

»Der du von dem Himmel bist,
Alle Freud und Schmerzen stillest,
Den, der doppelt elend ist,
Doppelt mit Erquickung füllest.
Ach ich bin des Treibens müde!
Was soll all die Qual und Lust.
Süßer Friede,
Komm ach komm in meine Brust«.

Das habe ich nicht nur einmal gelesen; Sie bemerken ja, ich habe den Wortlaut behalten. Man soll freilich bei Schriftstellern grundsätzlich nicht hinhören. Sie sagen, was sie wollen. Ob es die Wahrheit ist, die sie vorbringen, oder nicht, sie drücken es gleich gut aus; aus ihren Redensarten ist nichts zu entnehmen.

Aber hier das, das spürte ich, das war echt. Das endlich kam aus dem Kern. Dieser Götterliebling, der alles zu haben schien, was ein Mensch besitzen kann, brauchte doch eines: Herzensfrieden, und mein Entschluß stand auf der Stelle fest: den darf er mir niemals bekommen.

Ich bin nicht eitler, als eine Frau soll, aber auf diese Erkenntnis habe ich heute noch Grund, stolz zu sein. Es war wie eine Eingebung oder eine Erleuchtung. Was ich nur aus dem Gefühl heraus getan, wurde plötzlich klar und bewußt. Die Dinge des Herzens lagen in ihrem ganzen Zusammenhang vor mir, und ich überschaute, gleichsam vom höchsten Standpunkt, was ich Ihnen soeben dargelegt habe und was ich Ihnen, vor jenem bedeutsamen Tag, nicht hätte darlegen können.

Goethe war gewohnt, daß die Weiber ihm nachliefen. Das meint, er kannte ausschließlich Frauenspersonen, denen er seine Leidenschaft antrug und aus deren armseligem Nein er getrost folgern durfte, daß er nur eine gehörige Weile zuzuwarten brauchte, bis ihm, früher oder später, ihr armseliges Ja in den Schoß fallen mußte.

Nun, ich sagte erst ja und dann nein, das war ihm allerdings neu.

Ich schrieb ihm einen Brief, worin ich ihm versicherte, daß mir die Welt, von der ich mich so los gemacht, wieder lieb – wieder lieb durch ihn – geworden; daß ich vor einem halben Jahr noch bereit gewesen zu sterben, und ich seis nicht mehr.

Und nachdem ich ihm Zeit gelassen hatte, das zu verdauen, reiste ich mit seinem Zunftgenossen Lenz, den er, dessen Begabung wegen, sehr fürchtete, nach Kochberg ab.

Verstehen Sie, was bedeutet, sich zur Aufgabe machen?

Ich hatte im fernern nur mehr zu verhindern, daß er vollständig an seiner Eignung für diese Aufgabe verzweifelte und die Sache etwa, als eine undurchführbare, fallen ließ. Aber hierfür genügen, wo der Anfang stimmt, ermutigende Winke von solcher Undeutlichkeit, daß kein vernünftiger Mensch bereit wäre, die mindeste Hoffnung auf sie zu setzen.

Ich glaube, mein Hauptvergnügen war, ihm vorzuwerfen, er liebe mich nicht. So sehr das zutraf, in seiner Vorstellung war es eine harte Ungerechtigkeit. Und er konnte es überdem für ein Versprechen ansehen, als würde ich, falls er sich nur genugsam anstrengte, meine Liebe sichtlich bekunden, was ich doch weder im Sinn noch – das eben ist das Geschickte – mit einer Silbe versprochen hatte.

Posthorn, sehr fern.

Da, das Posthorn. Ich habe es vorhin sehr wohl richtig gehört. Das Ohr einer Frau übertrifft das des Mannes an Feinheit, wie übrigens auch alle ihre sonstigen Sinne. Keine fünf Minuten, und die Kutsche hält am Schloßberg.

Worüber sprachen wir noch? Richtig, über die Liebe.

Nur der Mann – das wäre vielleicht die Regel, die aus dem Fall sich ableiten ließe – ist wirklich um seine Sicherheit gebracht, der spürt, daß er bei näherem Kennenlernen verliert. Wir müssen dem Mann also vortäuschen, der erste Eindruck von ihm habe uns überwältigt. Läßt unsere Begeisterung dann nach, so setzt er alles daran, jene ursprüngliche Wirkung, obgleich er sich deren nie vermutend gewesen, aufs Neue hervorzurufen. Ich verachte Sie, – das stört keinen Mann. Aber: Mein Herr, ich habe Sie doch wohl überschätzt, – daran behält er zeitlebens zu knacken.

Unsere Enttäuschung am Mann, das versteht sich ja von selbst, erstrecke sich nicht auf die Gaben, deren er ermangelt, sondern auf die, die er hat. Insonders Goethe war an keinem seiner Fehler, er war allein an seinen Vorzügen festzunageln. Er hatte gelernt, seine Schwächen mit Eigenliebe zu panzern, aber seine Tugenden waren vollständig ungewappnet. An seinen Tugenden hegte er nie den mindesten Zweifel.

Goethe hat Vorzüge, welche sehr besonderer Natur sind. Er ist treu – seinen Entwürfen. Er ist aufrichtig – gegen die kommenden Geschlechter. Er ist gerecht – in seinen literarischen Hervorbringungen. Wenn er gegen unser einen treu, aufrichtig und gerecht ist, und das ist er, so ist das doch immer nur der Abfall davon. Eben dieser Umstand aber, der uns so tief verletzt, ist für ihn ein Grund, auf besagte Eigenschaften eine gewaltige Menge zu halten. Es genügte, seine Vertrauenswürdigkeit in irgendeinem Punkt in Frage zu stellen, um ihn in Qualen und somit in Flammen zu setzen.

Schrieb er zehn Briefe, beschuldigte ich ihn, er vernachlässige mich. Ließ ich ihn warten, schalt ich ihn unpünktlich. Sandte er mir seine ersten Aurikeln oder Pfirsiche oder Spargel, verschenkte ich sie an die nächstbesten Leute und bestritt zugleich, daß er überhaupt jemals an mich denke. Ich habe mich oft selbst gewundert, was er sich alles gefallen ließ.

Aber Männer neigen dazu, die Schuld an ihren Mißgeschicken in der Liebe eher bei sich als der Geliebten zu suchen, wohl weil ihre Eitelkeit sich mehr darauf richtet, eine fehlerlose Geliebte zu besitzen, als selbst fehlerlos zu sein. Man wird also mit ungerechten Beschuldigungen kaum jemals zu weit gehen. Goethes Verranntheit in der Hinsicht war allerdings unübertrefflich. Ich konnte ihm vorwerfen, was mir beliebte. Bevor er sich eingestanden hätte, daß er einen albernen Teufel verehrte, war er bereit, sich einzureden, er sei ein ausgemachter Narr. Er glaubte, er habe mir Anlaß zu falschem Verdacht gegeben, und er trat, wie toll ich es nur trieb, mit unerschütterlicher Ausdauer den Gegenbeweis an.

Für seine besten Beweise hielt er seine Kunstwerke, mit ihnen kam er mir immer wieder. Und seine ständige Verzweiflung rührte daher, daß ich sie nicht gelesen habe.

Diese einfache Unterlassung war unter meinen Zügen sicherlich nicht der schlechteste. Es klingt so simpel. Jeder weiß doch, was von Erdichtungen zu halten ist. Dichter, so pflegt man ja zu sagen, sind Menschen, die aussprechen können, was andere Leute nur fühlen. Die Bestimmung ist gut, aber zu kurz. Die vollständige Bestimmung lautet: Dichter sprechen aus, was alle Menschen fühlen, ausgenommen sie selbst. – Dennoch, ich versichere Sie: es bedurfte einer überaus gründlichen Einschätzung aller Umstände, um darauf zu verfallen.

Nun sagen Sie doch nicht, Sie hätten ihn ja auch nicht gelesen. Gewiß haben Sie das nicht, Stein, aber das ist etwas anderes: schließlich hatten Sie nicht den mindesten Grund dazu. Übrigens kostete es selbst mich keine sonderliche Mühe. Soweit ich beim Anblättern feststelle, sind das alles kalte Sachen, sehr langweilig, sehr erklügelt und sehr gegen das Schamgefühl. Aber worauf es ankam, war nicht, daß ich sie nicht las, sondern daß ich es zugab.

Nichts ist leichter, als einen Autor glauben zu machen, man kenne ihn. Wenn Gott meinem Geschlecht die Gabe versagt hat, irgendetwas zu verstehen, so hat er uns doch die Gabe verliehen, auszusehen, als ob wir alles verstünden. Man gibt dem Autor ein Stichwort; er läßt sich weitschweifig über seine gehabten Absichten aus; man blickt ihn seelenvoll an und seufzt: so habe ich es gefühlt und hätte es doch nicht sagen können; – jeder Autor wird einen für den vertrautesten Kenner seiner Schriften halten.

Ich verweigerte diesen Dienst. Ich gab mich nicht ehrerbietig.

Ich sagte:
– Was sollen mir Ihre künstlichen Reime, mein Freund; ich habe mit Goethe zu schaffen, nicht mit dem berühmten Dichter.
– Aber Goethe ist Dichter.
Und ich entgegnete:
– Leider, mein Freund; wie sehr wünschte ich, Sie wären einfach der Hofgärtner Meier.

Begreifen Sie, Stein; mit dem schlichten Satz waren dem Simson die Haare abgeschnitten.

Ich will aber bei dem Beispiel bleiben und Ihnen vor Augen führen, wie es mir ergangen wäre, hätte ich mich auf seine Dichterei eingelassen. Es hatte nämlich eine Menge Bewandtnis damit.

Zunächst: weshalb soll ich ihm erlauben, aus seinem Handwerk, aus dem er ohnehin genug Ansprüche ableitet, so als hätten andere Menschen keine Arbeit und hätte ich nicht immerhin ein Haus zu beaufsichtigen und ein dahinkümmerndes Gut zu verwalten, – weshalb soll ich ihm erlauben, aus seinem Handwerk auch noch Gewinnpunkte in der Liebe zu sammeln?

Reicht nicht vielleicht hin, daß er tagaus, tagein aus seiner Liebe Gewinnpunkte in seinem Handwerk macht?

Ich gewähre ihm einen Kuß. Der Kuß bringt ihn in Begeisterung. Die Begeisterung münzt er um in ein Gedicht. Für dies Gedicht, letztendlich also für meinen Kuß, nimmt er Geld; damit dürfte der Handel ja wohl abgeschlossen sein. Soll ich ihn zusätzlich noch mit Küssen bezahlen, für meine eigenen Küsse?

Ob Sie es glauben oder nicht: eben das verlangt er. Meine Gleichgültigkeit kränkt ihn. Er dichte jede Zeile nur für mich – sehr schön, aber für wen läßt er sie dann drucken?

Er verfasse, sagt er, den Tasso und die taurische Iphigenia, um mich so recht ersichtlich zu lieben. Natürlich liebt er mich, um den Tasso und die Iphigenia verfassen zu können. Ich bin ein Gerät, das auf seinen Schreibtisch gehört.

Das Ärgerlichste ist, daß er, wenn er an diesen dramatischen Gedichten sitzt, dabei fühlt, wie er zu fühlen das Recht nur hätte, wenn ich ihm erlaubte, bei mir zu sitzen. Er versetzt sich in eine Einbildung, als liebten wir einander; er sorgt für den Gang unserer Liebe, ohne mich zu fragen. Er liebt für zwei, für mich gleich mit. Wie anders soll ich mich des erwehren, als indem ich seine Arbeit störe, wo ich vermag, und ihn in die harte Wirklichkeit zurückrufe?

Er litt dann, gewiß. Ich darf aber hinzufügen, er litt nicht ungern. Er hatte eine dermaßene Wohlredenheit beim Leiden, eine solche Unverschämtheit des Ausdrucks in der Pein, daß ich stets einen heimlichen Genuß dahinter witterte. Ich habe einige Ursache, zu bezweifeln, ob der Mensch auf der Folter verstummt: nach dem, was ich weiß, schreit er. Goethe freilich, und hierin hat er die Wahrheit gesagt, dichtet.

Ein Poet hat mehr Übel zu erleiden als wir? Eine Ölhaut kommt auch öfter in den Regen.

Er litt gern, weil er nicht leiden konnte, so wie er gern liebte, weil er außerstande war zu lieben. Ich bin überzeugt, in dem Augenblick, wo er aufgehört hätte, poetischen Zins davon zu ziehen, hätte er all sein Unglück abgestreift wie einen nassen Mantel. Ja, aber bin ich, eine Frau mit den gewöhnlichen Regungen jeder anderen Frau, dazu da, einem Unzerstörbaren die Neugier zu befriedigen, wie es einem etwa zumut sein könnte, der leidet? Das heiße ich ein Spiel mit mir getrieben.

Wehe der Unglücklichen, die unternimmt, einen Dichter zu lieben. Ich kann in der Tat bis auf den heutigen Tag nicht sagen, wer es eigentlich war, der wen gepeinigt hat. Goethe natürlich, er nannte mich grausam. Jeglicher Mann schilt eine Frau launisch, wenn sie sorgt, daß er an ihr festhält, und wechselhaft, wenn sie ihn zwingt, beständig zu sein. Sie wollen uns gern verraten und recht ungern verraten werden.

Aber nun stimmt alle Welt in den Verdacht ein und schilt mich grausam, und Sie, Josias, führen eine Aussprache mit mir und bedeuten mir, ich hätte Goethe mit meiner Grausamkeit vertrieben; meine Grausamkeit sei der Grund seiner nunmehrigen Abwesenheit. Ich sage Ihnen bündig: wenn es einen Grund seiner Anwesenheit gab, über endlose zehn Jahre hinweg, so war es meine Grausamkeit. Fragen Sie mich nicht, warum Goethe fortging. Fragen Sie: warum blieb er so unglaublich lange hier?

Und dann gebe ich Ihnen zur Antwort: weil ich ihn liebte, und auf die Weise, die ihm bekam. Bedürfen nicht selbst die Götter zu ihrem Thron des Übels? Hängt man nicht sogar am Leben mit all seinem Ungemach und Kummer, eben um dieser seiner Grausamkeit willen? Man hängt am Leben, weil man von jedem Schlag, den es einem versetzt, tiefer in die Wut getrieben wird, zu beweisen, daß man ihm Glück abringen kann. Ja, Stein, der Mensch liebt das Leben, weil es ihn nicht liebt.

Posthorn.

Die Post. Lassen Sie mich zum Fenster treten; ich wüßte zwar niemanden, der im Augenblick an uns zu schreiben hätte ... Der Kutscher müßte gleich zu sehen sein.

Posthorn.

Wie, man fährt bereits zum Posthause weiter? Ich hatte also wieder richtig gefolgert. Ich sagte, wir erwarten keinen Brief, und schon bekommen wir keinen.

Ich will frei heraussprechen, Josias. Gesetzt, Goethe hätte die Aufdringlichkeit besessen und mich mit einem Schreiben belästigt, worin er mich um Verzeihung anbettelt: ich hätte ihm nicht verziehen. Wie immer Ihr Urteil und das Weimars über mich ausgefallen wäre, zehn Jahre sind um, und zehn Jahre sind genug. Ich habe diese ewige Arbeit satt, diese Quälerei einer einseitigen Neigung, wo alle Plage der Liebenden zufällt und aller Genuß dem Geliebten. Das kann mir keiner verübeln. Das ist unzumutbar und längst vergessen. Da kommt Seidel.

Ach so, er hat die Sendung vom Diener in Empfang nehmen lassen. Da Seidel den Brief hat, konnte ihn der Postkutscher nicht bringen.

Nein, Geliebter, ich wußt es. Du kannst nicht meine Arme, meinen Busen nicht fliehn. Nicht fliehn.

Ab. Vorhang.

IV

Der Herr von Stein hat sich auf die Veilleuse gelegt. Die Frau von Stein kommt mit einer Kiste.

DIE FRAU VON STEIN

Wo blieben wir stehen? Sprach ich nicht von meinen Armen oder dem Busen etwas? Nun wohl, anstatt auf mich einzureden, täten Sie besser, Sie übten Geduld und hörten mir drei oder vier Sätze lang zu. Ich bin gewillt, mich vollständig zu erklären.

Erwarten Sie aber nicht allzuviel Überraschungen. Es gibt kaum Neues nachzutragen. Goethe liebte mich, das erwähnte ich bereits, ich erwähnte auch, daß ich Goethe liebte. Jedes Schulkind kann sich ja zusammenzählen, daß wir einander liebten.

Es ist nicht nur ein Brief, es ist sogar eine Kiste. Aus Rom, in Italien. Was will er denn dort? *Öffnet die Kiste.*

Ich sollte das am ehesten wissen, meinen Sie? Ich weiß es auch am ehesten. Er hadert wieder einmal mit seinem Schicksal. Wie alle mit sich unzufriedenen Menschen hat unser gemeinsamer Freund ein zwangartiges Bedürfnis zu verreisen, je weiter, je lieber. Es ist natürlich sinnlos. Wenn es ihm gelänge, aus der Welt zu verreisen, – noch auf dem Mond wäre er ja nicht aus sich selbst herausgefahren. Er würde noch auf dem Morgenstern die Teegesellschaften, die

Rezensenten und das Wetter verdammen. Er allein ist seine Krankheit, und der einzige Mensch, der sie heilen könnte, bin ich. Sehen Sie, hier ist schon der Brief. *Sie legt den Brief auf ein Gueridon.*

Lassen Sie weiter sehen. *Sie packt eine Nachbildung des Herakles Farnese aus.* Aha, ein Kunstwerk, von Gips eines. *Stellt den Herakles auf den Brief.*

Warum ich den Brief nicht öffne? Je länger Sie mich mit Fragen überschütten, Josias, desto länger haben Sie nur auf die Antwort zu warten. Muß ich die Farbe seines Herzens aus seiner Tinte erfahren; kenne ich nicht diese künstlichen Dunkelheiten, diese verwirrenden Zusammensetzungen und betörenden Versprechen? Ich habe nicht nötig, den Brief zu öffnen, übrigens ist es etwas wie eine Gewohnheit.

Ich pflegte die Briefe, die er mir schrieb, oft ungeöffnet liegen zu lassen, so daß er sie, wenn er Besuch machte, erblicken mußte. Sie können sich vorstellen, welchen Schaden die Vorstellung von seiner Vortrefflichkeit hierbei erfuhr.

– Wie, Sie haben meinen Brief nicht gelesen?
– Ich fand noch nicht die Zeit, mein Teuerster.
– Nicht die Zeit, für ein Blatt von mir?
– Hat es denn solche Eile?
– Ich sprang nachts aus dem Bette, um ihn zu schreiben, gab meinen höchst nötigen Morgenschlaf daran, um ihn abzusenden, und Sie bringen es übers Herz, ihn einen vollen Tag lang ungelesen zu lassen.
– Einen Tag?
– Doch fast schon.

– Es sind drei Tage, mein Teuerster; dieser Brief ist von vorgestern; der heutige, wenn einer da ist, wie Sie sagen, wird sicher im Vorzimmer sich finden lassen.

O ja, es ist ein wundervolles und einmaliges Glück, von einem Dichter geliebt zu sein.

Ein Dichter, Josias, ist ein Mensch von höherem Rang als mancher unter den Edelleuten. Ihnen fehlt für solche Wertordnung der Empfindsamkeit das Verständnis. Sie würden das Genie auf eine Waage stellen wollen wie einen Zuchteber, und Sie kämen zu einem recht falschen Ergebnis; denn Goethe wurde umso magerer, je heftiger er liebte. Ihre Stumpfheit ist Ihre Entschuldigung, um derentwillen ich bereit bin, mir Ihre dauernden Anklagen schweigend anzuhören. Ein Wort zu dem Punkt noch, dann sind Sie wieder an der Reihe. Um die Seele eines Dichters, aber Sie kapieren mich nicht, kreist das All. Die Wirklichkeit ordnet ihn nicht ein, er ordnet die Wirklichkeit um sich: Der Dichter ist immer die Mitte. Die Mitte der Welt in Flammen gesetzt zu haben, Josias, das erwärmt. Ich nehme an, daß Nero beim Brand von Rom nicht gefroren haben wird; dies eine Mal wenigstens nicht.

Wir liebten uns anders und mehr als Menschen sonst, und unser Entzücken war dem der Sterblichen nicht zu vergleichen.

Wir gingen Arm in Arm an der Ilm hin, und die alten Kopfweiden nickten so recht traulich, und das Wehr rauschte von Ferne, der Mond aber füllte das liebe Tal oder, wie ich besser sage, Busch und Tal mit dem Glanze des Nebels. Und Goethe hielt seine feste Hand auf der meinen und sprach leise und sehr gut und wußte mir alles, was ich sah, in Worte zu setzen und zu deuten, und derart, daß es immer auf das Gefühl Bezug hatte, das uns beiden zugleich den Busen durchdrang. Ach, und ich schmolz unter seinen Worten und Küssen. Ich spürte meine Hilflosigkeit schwinden, ich vergaß meine Armut und daß ich nichts Wichtigeres als nur ein Weib war; ich ahnte, daß ich für ewig seine Magd sein durfte und ihm doch – denn er hatte mich durch seine Liebe an seine Seite emporgehoben – und ihm doch gleich. Die Umarmung, der solche Stunden vorhergehn …

Es wird Sie, wie ich voraussehe, überraschen, zu erfahren, daß unsere Wonnen vor denen des Fleisches und der Nerven keineswegs haltmachten. Ich bin indes entschlossen, Ihnen nichts zu verbergen. Ich willfahre damit Ihren ausdrücklichen Bitten.

Es war die Nacht zum zehnten Oktober achtzig.

Goethe war mit dem Herzog, auf dem Heimweg von einer Amtsreise durch die Landesteile, in Kochberg eingekehrt; er litt unterm Nebel und unterm Vollmond, war auch vom Wind zu Pferd recht gepeinigt und wollte raschestens zu Bett. So nahm ich Rücksicht und begleitete ihn durch den Park bis vor seine Kammer, ich wußte ja, er würde sich nicht rauben lassen, mich wieder zum Schloß zurückzuführen. Er tats und mußte sich auf ein Glas der Gesellschaft beimischen. Sie, Stein, weilten zu Hildburghausen und hatten sich des dortigen hohen Sterbefalles anzunehmen.

Sie waren froh, mich bei leidlicher Unterhaltung zurückzulassen; übrigens rechneten Sie fest mit meiner Abneigung gegen die mechanische Vereinigung mit einem Geschlecht, von dem Sie erfahren hatten, wie unerträglich mir seine Gebärden und Ausdünstungen sind. Dies sind Gegenstände, die gesprächsweise zu berühren sich unter Eheleuten wohl am wenigsten schickt. Aber letzten Endes, wir leben in einem aufgeklärten Jahrhundert. Der Geist der Untersuchung hat manches Befreiende, wenn man ihm nicht gestattet, aufs gemeine Wesen überzugreifen. Ich bin ganz offen.

Ich bin sehr wohl fähig zu jenem körperlichen Erleiden, welches die Frauen in Ihren Augen so sehr ziert, weil es Ihnen das Gefühl der Kraft einflößt. Ich weiß, daß ich Sie in Staunen setze, mein Gemahl, aber nichts ist müheloser für mich zu erreichen als das. Es fällt mir oft schwer, es zu unterdrücken, wenn ich reite oder mir im Schlaf das Hemd zwischen die Schenkel gerät. Es fiel mir äußerst leicht, es zu unterdrücken, während Sie unsere sieben Kinder, mittels meiner, in die Welt oder auch geraderen Wegs in den Himmel pflanzten.

Es ist ein angenehmes Erleiden, gewiß, und eben daher so verabscheuenswürdig. Ein eingeflößtes Gefühl, meinem Innern fremd, das überdies auf ekelhafte und demütigende Weise zustandekommt. Eine Lust, mit der ich, so wird es verlangt, mein Unterworfensein beglaubige.

Unsinnig genug versuchten Sie, mich jene Erregung auf Ihre plumpe Weise zu lehren. Was ich in der Tat gelernt habe, war, daß, was die Männer den Liebesakt nennen, eine Sache ist, die man, wo möglich, vermeiden, wo nicht, so schnell wie möglich hinter sich bringen muß. Meine Gleichgültigkeit führte bei Ihnen bald zum Überdruß; bedarf es anderer Beweise, daß es dem Mann ausschließlich um die Ausdehnung seiner Vormacht auch auf die nächtlichen Stunden des Tages zu tun ist? Warum ist er auf der Stelle entmutigt, wenn ich ihm meinen Beifall versage? Was, wenn er diese abstoßende Verrichtung so liebt, kümmert ihn, ob ich stöhne oder nicht? In seinem Ohr ist mein Stöhnen genau dasselbe Geräusch, wie wenn ich ihn alle Morgen um das Haushaltsgeld bitte.

Sie haben mein Unvermögen, an das Sie um Ihres Selbstgefühls willen glauben mußten, immer auf meinen Mangel an Leibsfülle geschoben. War je ein Wüstling ahnungsloser? Diese kreischenden fetten Weiber, welche Sie für sinnlich halten – wissen Sie nicht, daß die niemals etwas empfinden? Nein, Sie wissen es nicht, weil alle Männer ihren Appetit mit dem der Frau verwechseln. Sobald eine Frau sie reizt, halten sie sich für reizend.

Ich sage Ihnen also jetzt, daß meine Gliedmaßen für die Beglückungen der Leidenschaft geschaffen sind, und wenn Sie das Gegenteil annahmen, schlossen Sie von sich auf Goethe.

Ums Haar wäre selbst ich in den nämlichen Fehler verfallen. Auch ich wähnte Goethe aus dem gleichen Stoffe wie Sie, und solange ich in dem Irrtum war, behielten Sie ja Recht: ich war die Wonne, die mich erwartete, nicht zu empfangen fähig. Vier tränenreiche Jahre kämpfte Goethe, und alle anmutigen Gottheiten mit ihm, gegen den Unterricht, den ich bei Ihnen genossen hatte. Vier Jahre sträubte ich mich gegen die Erkenntnis, daß es unmöglich ist, ein Genie nicht zu lieben.

Sie sind uns in den grünen Salon gefolgt, Josias. Verharren Sie nun dort, bis ich meine Erzählung vollständig zu Ende gebracht habe.

Der Herzog wollte lange nicht schlafen; als er endlich zu Bette ging, befand sich Goethe in dem wachesten Zustande der Übermüdung, hatte auch nicht wenig zugesprochen. Er fiel sogleich über mich her. Er raste in einem Taumel, der kaum aus seinem irdischen Innern herkam; ich ließ mich, noch völlig gegen meinen Vorsatz, hineinziehn. Ich erfuhr mit wachsender Seligkeit das Brausen seiner Begierde, den Sturm seiner begeisterten Ausrufe, den Donner seiner braunen Augen. An seinem und meinem Leib war nichts Gemeines. Unsere staunende Leidenschaft, die nicht von der Welt mehr war, wirbelte uns zu jenen geistigen Welten empor, die zwischen uns und der Ewigkeit liegen und deren unterster wir vielleicht nach dem Tode uns nähern dürfen; ja, Stein, dieser Mann, dieser Mensch, dieser Dichter hat mich, in jener Nacht zum zehnten Oktober achtzig, zum ersten Mal in meinem Leben so unaussprechlich bekleckt, ich meine: beklückert. Josias Stein, ich habe mich versprochen. Ich will sagen, dieser Genius der Deutschen hat mich in der Nacht zum zehnten Oktober achtzig unaussprechlich beglückert … unaussprechlich beglückert …

Sie stößt gegen die Figur, dieselbe droht zu kippen.

Fürchten Sie nichts, ich werfe nichts zu Boden. Der Herakles, er hat gekippelt, da sehen Sie, er steht schon wieder ruhig. Ich brauche ihn ja nur an der Keule festzuhalten. *Der Herakles fällt herunter. Sie beschäftigt sich mit den Trümmern.*

Nun, es sieht allerdings aus, als wäre ich Ihnen noch einige Ergänzungen schuldig.

V

Die Frau von Stein *fährt fort*

Die genauere Form des Berichts erfordert die Vorausschickung, daß unser gemeinsames Glück nach vier ungetrübten Jahren in eine Art Krise geriet. Ich ermüdete in meinem Einsatz. Mir ging die Kraft verloren, die ich brauchte, um mich Goethe zu verweigern.

Sie haben entnehmen können: die Durchführung einer Liebe ist eine Arbeit, worin Sorgfalt alles ist und die liebende Frau nichts dem Zufall überlassen darf. Der Geliebte liebt nur wahrhaft, solange er in Tätigkeit gehalten ist, und es ist freilich genugsame Beschäftigung für einen Menschen, einen Menschen pausenlos zu beschäftigen.

Mein bevorzugter Streitpunkt war einer, dessen Ergiebigkeit ich mir im Grunde bis heute nicht erklären kann. Ich weiß, er ist unerschöpflich; ich berechne seinen Erfolg; und im tiefsten Herzen verstehe ich gar nichts. Er bestand sehr einfach darin, daß ich nicht zugab, Goethe zu lieben.

Ich meine nicht etwa das Fortlassen von Handlungen, die tatsächlich zur Liebe gehören; ich rede ausdrücklich vom bloßen Nichtbenutzen des Wortes. Es ist unglaublich, welche Wirkung diese Formsache auf einen Mann ausübt. Ich kann es allenfalls auf die übertriebene Bedeutung zurückführen, welche Männer Spielregeln, Verträgen und anderen Dingen, die keine sind, unterlegen. Ich liebe dich, – man sagt es, oder man sagt es nicht; was ist dabei? Was ist geändert, wenn man es nicht sagt? Was ist gebessert, wenn man es sagt?

Aber Goethe schien dem Verschweigen dieses Satzes die Bedeutung eines Schanzwerks beizumessen, wohinter ungezählte Streitmächte des Aufruhrs, Heere des Widerstands und Rückhalte heimlicher Überlegenheit biwakierten. Es war gar nichts dahinter, nur eben ein Hauch fraulicher Vernunft.

Kein Mittel, sagte ich, war so mächtig, und keines hat mich so wenig Mühe gekostet.

– Liebst du mich, Lotte?
– Nein, mein Geliebter.
– Abscheuliche: ein Geliebter, das ist einmal ein Mensch, welcher geliebt ist.
– Ist er das?
– Ja, wenn Worte eine Logik haben.
– Nun, Sie haben die Logik auf Ihrer Seite, seien Sie doch also zufrieden.

Unter derlei erfrischenden Gesprächen flogen uns die Tage dahin. Aber ich glaube, jede Liebe hat eine Zeit, die uns als die heiterste erscheint, weil die eigentlichen Schwierigkeiten noch erst nicht aufgetaucht sind. Ich durchforsche mich oft, was mich bewog, Goethes Verlangen nach einem Liebesgeständnis nachzugeben und mir den Zügel aus der Hand nötigen zu lassen.

Es waren nicht seine Drohungen. Solange ein Mann droht, leidet er, und alles liegt, wie es soll. Goethe war im Drohen von blühendem Erfindungsreichtum.

Am belustigendsten waren seine Anstrengungen, mir Eifersucht einzuflößen. Zu dem Zweck bediente er sich einer Sorte von Frauenzimmern, der von ihm sogenannten Miseln, worunter er von der Kalb und der Werthern über die Tiefurter Bauernmägde bis hinab zur Theaterdirne Schröter alles verstand, was Röcke trug und bereit war, seine Possen länger als fünf Minuten zu erdulden; übrigens war ihm beigefallen, ausgerechnet jene Rollen, die er eigens für mich geschrieben zu haben vorgab, mit der Schröter zu besetzen. Es begann mit der Iphigenia, wozu er selbst den Orest machte. Ich hatte nichts zu tun, als nicht hinzugehn, und hatte ihm den Abend gründlich verdorben.

Nein, das alles bedeutete nichts. Es hätte mich nur beruhigt, wenn es nicht doch auch ein wenig ungezogen gewesen wäre.

Natürlich drohte er auch, sich zu töten, womit er ausdrücken wollte, daß er vorhatte, für eine Weile ein schlechter Gesellschafter zu sein. Das war lästiger, aber mit einem Wort weggemuntert, das man dann nur schnell wieder zurücknehmen mußte.

Seine Hauptdrohung aber war die, mich zu verlassen. Er rät mir, nicht für alle Zeit auf seine Fassungskraft zu bauen; er kündigt das Ende seiner Leidensfähigkeit an; eines Tags, versichert er, werde er den Mund auftun, ja handeln. Er schreibt auch hierzu ein schönes Stück, worin er mir wegläuft und ich ihm, reuegepeinigt, auf einen hohen Berg nachsteige. Für wie dumm hält er mich? Ein Mann, der länger als fünf Tage nichts unternommen hat und mich die Stunde fürchten machen will, wo er sich in Wahrheit entschließen werde.

Was meine Festigkeit erschütterte, war in der Tat etwas vollkommen anderes. Ich bemerkte Zeichen von Einverständnis mit der Welt an ihm, Zustände von Wohlbefinden, die über das Maß hinausgingen, das ich ihm zuteilte. Seine Briefe enthielten, statt Beschwerden, unendliche Beschreibungen von Felsenzähnen oder -türmen und dem weiß-grüngraulichen Dampf der Eisgebirge, und was dergleichen berichtenswerte Sachen mehr sind, und er hatte die Unverschämtheit, sie, nach seinem Vortrag, von Philipp Seidel aufschreiben zu lassen und mich, es geht mir kaum über die Lippen, aufzufordern, sie für den Buchdrucker durchzusehen. Das waren schlimme Zeichen. Dieser Überdruß war nicht erheuchelt, diese Kränkungen hatten nichts sichtbar Erarbeitetes mehr an sich.

Gewiß, ich hätte auch eine solche Strecke überdauern müssen. Die Liebe, Stein, ist ein Messer, das zweie halten; sowie ich ja sagte, hielt er das Heft in der Hand und ich die Klinge. Aber Weib ist, wie der Brite sagt, der Name der Schwachheit. Von jener thüringer Reise hatte er mir gar nicht mehr oder höchstens von Wiesenwässerungen was schreiben wollen. Sorge überwältigte mein Urteil. Ich beging den entscheidenden Fehler; ich gestand ihm, ihn wiederzulieben, und in dem Augenblick, das war mir sofort klar, hatte ich mich geschnitten.

Nun gab es eine Verabredung, auf die er sich berufen konnte, einen Sachverhalt, aufgrund dessen er Meinungen über meine Handlungen wagen durfte. »Wenn du mich liebst, Lotte, warum willst du dann nicht …«. Bei besserer Überlegung hätte auch das noch nichts gelten müssen. Aber in meinem damaligen Zustand der Verwirrung war mit der Torheit des Liebesgeständnisses die Pflicht, mich ihm hinzugeben, unmittelbar verbunden.

Es war die Nacht zum zehnten Oktober achtzig, die mich in diese tiefste Erniedrigung führte und anschließend – durch das Wunder, von dem Sie schon die Andeutung haben – auf die Höhen des unwiderruflichen Triumphes. Goethe hatte seine Gelegenheit, und er versagte.

Ich begriff nicht sogleich das Kostbare dieser Wendung. Ich kam mir, ich spreche mit Freimut, zunächst einfach an der Nase herumgeführt vor. Seine ganze bisherige Unterwürfigkeit hatte keinen anderen Grund als bloß den? Was ich anfangs für jünglingshafte Scheu, später für Gehorsam und endlich für sittlichen Verzicht genommen, – es war nicht mehr als das? Ich hatte mir alles eingeredet; schlimmer noch: er hatte mir alles eingeredet, all meine Siege, auf die ich mir doch manches zugute getan hatte.

Ich bedurfte der Frist eines vollen Tages, bis ich die Dinge mit besserer Überlegung ansehen konnte. Und dann kamen die Briefe.

Zuerst versuchte er es mit der frechen Stirn. Der Zettel flatterte, wenig nach Mittag, ins Haus, und ich muß ihn jetzt herbeischaffen; denn bei einem solchen Text traut keiner seinen Ohren allein; man muß das gesehen haben. Ich habe ihn bestimmt aufgehoben. Aber wo nur? Hier? Nein, die sind von Einsiedel. *Sie findet eine Hutschachtel.* Hier, das müssen Goethen seine sein. Ich bin eine ordentliche Person. Es kommt nicht auf die Weise an, Ordnung zu halten; Ordnung ist, wenn man findet, was man sucht.

Vom zehnten Oktober achtzig.

Sie liest. »Bestes Gold, sende mit Philipp Ihr Schnupftuch, das mir auszuleihen Sie die Gewogenheit hatten. Es ist bei der Morgensonne gewaschen, wie Schnee geplättet und mit Lavendel gesprengt; ich hatt noch lang meine Freude an der artigen Kante, bis ichs endlich doch aus Händen geben mußte. – Ich muß alles verlieren, damit Sie alles behalten sollen. – Danke auch nochmals für das Lexikon, welches mir eben jetzt recht unentbehrlich ist. Das oktoberliche Wetter macht mich jeder Barmherzigkeit würdig. – Habe auf den Mittag die Schrötern zu Tisch gebeten«.

Das ist ein schönes Schreiben, nicht? Ich frage mich, ob er es eines Tages noch in eine Sammlung aufnimmt. Wem desgleichen aus der Feder kommt, warum sollte er das Gefühl haben, es nicht zu drucken? Die anderen Briefe sind dann mehr nach der Regel. Entschuldigungen, Selbstvorwürfe, Klagen über die menschliche Schwäche. Freilich immer noch gesprenkelt mit Bissen gegen mich und Schweinereien von der Schröter. Ich habe sie kaum mehr angesehen: ich war aus dem Schneider.

Ja, Josias, mein einziges Ungeschick hatte mir – und das ist vielleicht der Lohn, den Gott für solche bereithält, die gerades Wegs ihre Straße gehen und sich um Schimpf und Lob nicht kümmern – zum höchsten Erfolg geholfen. Einer rechtschaffenen Natur gerät auch ein Irrtum zum Rechten. Sie haben die neue Lage verstanden?

Ich verweigerte Goethe, was ich gar nicht besaß und was Goethe gar nicht wollte. Eine solche Bindung ist in der Tat unzerreißbar.

Es war jetzt die Frage eines knappen halben Jahres, bis ich einen förmlichen Vertrag mit ihm hatte, worin ich die

Zusage meiner immerwährenden Freundschaft gegen das Versprechen seines immerwährenden Wohlverhaltens eintauschte. Ich wußte, er konnte es nicht brechen. Und er wußte, daß ich es wußte.

Das ist der eigentliche Grund, Josias, weshalb ich diesen italienischen Brief mit solchem Gleichmut unerbrochen lasse. Ich kenne seinen Inhalt, Zeile um Zeile. Und Sie?, erraten Sie ihn noch immer nicht?

Goethe hat einen letzten Entschluß übrig, und daß er ihn gefaßt hat, zeigen die romanhaften Umstände seiner Abreise und die übermäßige Entfernung seines Zufluchtsortes. Nun, auch ich habe mich entschlossen. Ich nenne Ihnen mit der Auflösung das Rätsel; denn ich sehe, daß Sie nichts erraten haben. Ich werde ihn heiraten, Josias.

Ja, mein Gemahl, ich kann Ihnen die lästigen Umstände einer Scheidung nicht ersparen. Nichts spricht gegen Sie, zu viel spricht für diesen Antrag. Meine Ruhe – das sage ich nicht, um zu schmeicheln – finde ich auch bei Ihnen, aber die Ehe mit Goethe wird eine dauernde Kette von Aufmerksamkeiten, Einfühlungen und verständnisvollen Handlungen sein. Ein Gleiches wüßte ich von keinem andern Mann zu erlangen. Solche Entsagung leistet allein ein Unvermögender, ohnmächtig zum Treubruch und im steten Gefühl seiner Schuld.

Die Materie unseres Gesprächs ist verbraucht. Wir stehen vorm Abschluß. Sie befahlen mir, Sorge zu tragen, daß Goethe uns erhalten bleibe. Wohlan, Stein, er bleibt bei uns, aber ich nicht bei Ihnen. Ihr Befehl ist vollzogen, anders als Sie hofften. Wenn sie fortfahren wollen, einen Vorwurf gegen mich zu erheben, müssen Sie ihn ändern. Ich versündige mich gegen meinen Stand; ich weiß es. Und ich sage Ihnen: diesmal werde ich die Meinung der Beobachter auf meiner Seite haben. *Sie nimmt den Brief.*

Ich habe Goethe zu dem gemacht, was er ist. Zu einem Staatsbediensteten, der eine öffentliche Stellung auszufüllen weiß, zu einem Kopfe, dem, wenngleich er selten gelesen ist, keiner gern widerspricht, und nicht zuletzt zu einem Mann, der, ungeachtet ihm die Frauen fremd bleiben müssen, auf zehn Jahre erfüllter Liebe zurückblickt. Ich bin seine Frau. *Sie öffnet den Brief.* Wer will mich aufhalten, wenn ich nun den letzten Schritt tue, um von der Charlotte von Stein zur Charlotte von Goethe herabzusteigen?

Hören wir also. Wir kennen bereits die Antwort. *Sie liest in dem Brief, murmelt über Unwichtiges hinweg, zitiert mit zunehmender Verwunderung die folgenden Stellen* »Ich bin wohl, habe das schönste Wetter und geht mir alles glücklich ... Alle Wetter sind schön ... Das Wetter fährt fort, über allen Ausdruck schön zu sein ...«.

Sie sagt Nun, es ist wohl warm dort unten.

Diese Abhängigkeit vom Wetter, muß ich sagen, zeugt von unglaublich wenig Haltung, es ist ein mehr als unstatthaftes Sichgehenlassen. Es ist der Ausdruck eines nicht zur innern Stimmigkeit gediehenen Gemütes, das den eigentlichen Quell seiner Mißgelauntheit vor sich selbst geheimhält, daher diese, wie das in solchen Fällen sich gewöhnlich beobachten läßt, in verwandelter Form umso ungehemmter hervorbricht. Oder, wie unsere liebe Göchhausen einmal mit so treffender Spitze fallen ließ: Er glaubt, seine Stimmung richte sich nach dem Wetter. Die Wahrheit ist natürlich, daß sich das Wetter nach seiner Stimmung … nach seiner Stimmung …

Sie läßt die Hand mit dem Brief sinken. Sagt O mein Gott, warum ist nur alles für uns alle so sehr viel zu schwer?

DAS ENDE

Annexa

1. ES LIESSE SICH FRAGEN …

Ob die Stein eine philologische Arbeit sei? – Kaum. Ich erzähle die wahre Geschichte, die Geschichte, wie sie stattgefunden hat, und von den Mitteln, deren ich mich für diesen Zweck bediente, haben sich, erwartungsgemäß, die der Philologen als die unergiebigsten erwiesen.

Was dienlichere Mittel wären? – Ich setze einmal, es gäbe eine Philologie, welche fertigbrächte, die Untersuchung gesellschaftlicher Vorgänge mit einem angemessenen Erfassen ästhetischer Erscheinungen zu verbinden; es gibt sie nicht; aber selbst in dem Fall bliebe der Unterschied zwischen dem wissenschaftlichen und dem künstlerischen Verfahren. Kunst führt, außer dem Gegenstand als solchem, der die Wissenschaft so ausschließlich beschäftigt, daß sie ihn nie am Wickel kriegt, immer noch zwei andere Gegenstände in die Erörterung ein: die Befindlichkeit und die Möglichkeiten des Autors und die Befindlichkeit und die Möglichkeiten der Menschheit; unter den Werkzeugen im Schrank der Kunst ist die Wissenschaft nur eines. Kunst beweist nichts, und pflegt Recht zu haben; Wissenschaft beweist alles, usw. Von der Wissenschaft her gesehen, arbeitet die Kunst unschärfer, von der Kunst her gesehen, arbeitet die Wissenschaft verblüffend unwirtschaftlich; welch unglaublicher Aufwand und wie unglaublich wenig ergriffene Wirklichkeit. Ich beantworte die Frage nicht erschöpfend; ich mag keine erschöpften Leser. Ich will nur gern zwei Mißverständnisse ausräumen …

Ob Mißverständnisse sich überhaupt ausräumen ließen? – Nein, wie denn? Mißverständnisse gehören zu denjenigen Dingen, deren Menge auf der Welt gleichbleibt, ob man sie ausräumt oder nicht; hierin ähneln sie beispielsweise den Kramecken in Küchenwaagen. Hat man fünf Haarnadeln entfernt, findet man sechs Bureauklammern wieder. Das Wort Mißverständnis ist aus einer falschen Wurzel gebildet. Mißverständnisse sind keine Angelegenheit des Verstehens, als welche sie durch besseres Verstehen zu erledigen gehen müßten; sie sind ein Bestandteil des Gefühlslebens. Sie sind vorhanden, weil ein Bedürfnis nach ihnen besteht.

Warum ich sie dann ausräumte? – Das Ausräumen von Mißverständnissen ist auch ein Bedürfnis.

Welche zwei Mißverständnisse ich im Sinn hätte? – Insonders dies: das ist kein Stück über *die Frau.* Ich handle über eine einzige Frau: die Charlotte Stein, eine Frau also, die aus ihrer Angst ein Geschäft macht, so wie andere aus ihrer Schwerhörigkeit oder ihrer Dummheit Vorteil zu ziehen gelernt haben, und ich handle über eine einzige Weise zu lieben: die ihrige. Diese Liebe wird in gleichsam generalstabsmäßigen Begriffen beschrieben. Ich weigere mich, eine solche Fühlart für ein unänderbares Ergebnis hormonellen Zwanges zu erachten. So wünschbar mir Spannungen zwischen den Geschlechtern erscheinen, für so überflüssig halte ich die dauernden Mordversuche zwischen ihnen. Ich bitte das weibliche Geschlecht, welches unfehlbar den Hang haben wird, sich in der Stein wiederzuerkennen, in dieser Sache ausnahmsweise eine prüfende Haltung einzunehmen.

Und welches andere? – Es ist zu blöd, aber ich muß es erwähnen: ich bin nicht Goethe. Obgleich Identifikation mit Goethe ein unausweichliches Symptom der poetischen

Wechseljahre ist, beschreibe ich, wenn ich Goethe beschreibe, Goethe, nicht mich; wenn ich ihm Züge von mir borge, verfahre ich hierin mit ihm nicht anders als mit der beliebigsten meiner Figuren. Ich ähnle ihm kaum mehr als sogar der Stein. Übrigens, so wenig die Stein *die Frau* ist, ist Goethe *das Genie*; freilich wird er, als der umfassendste Sonderfall dieses Schlages, jedem anderen Genie in wesentlichen Punkten entsprechen. Kunst sagt nichts, als was sie sagt, und bevor man sich daran macht, eine Metapher auf ein vielleicht Gemeintes anzuwenden, tut man gut, sie erst einmal in ihrer eigenen Leiblichkeit wahrgenommen zu haben.

Daß doch aber Goethe im Stück nicht vorkomme? – Gewiß kommt er vor, er tritt nur nicht auf. Der Stallmeister wieder tritt auf und kommt nicht vor. Die Form des Stücks ist von großer Einfachheit: es ist ein Zweipersonenstück, welches in Wirklichkeit ein Einpersonenstück ist, das in Wirklichkeit ein Zweipersonenstück ist. Ein derartiger Aufbau ergibt sich aus den dramaturgischen Gesetzen des Monodramas. Das Monodrama erzählt, wie alles Drama, eine Fabel, die, wie Fabel stets, unter mehreren Leuten sich abspielt. Es unterscheidet sich vom gewöhnlichen Drama lediglich dadurch, daß von den vorkommenden Personen nicht mehr als eine auftritt. Diese wiederum braucht einen Angeredeten; schließlich keiner, der redet, außer einem Wahnsinnigen, redet zu niemandem. Der Angeredete nun ist im klassischen Fall das Publikum, im minderwertigsten Fall, dem des Selbstgesprächs, die redende Person. Es gibt auch die Möglichkeit, so wie bei mir hier, eine Person zum Angeredeten zu machen, die auftritt, aber nicht vorkommt.

Unter was für Erwägungen die Form des Monodramas gewählt worden? – In dieser Liebe waren die Liebenden mehr allein, als es in zwischenmenschlichen Bemühungen ohnehin schon der Fall sein muß. Die Liebe der Neuzeit, bekanntlich, ist ein Unternehmen von unauflösbarer Widersprüchlichkeit: zwei Unvereinbare – zwei Individuen – wollen sich vereinigen. Das Übel steht in der Realität nicht gar so schlimm, wie es in der Formel sich ausnimmt. Vom kurzfristigen und einigermaßen mystischen Akt des gänzlichen Sichverlierens und In-den-andern-Überspringens bis zur dauerhafteren Einigung in Teilbereichen, etwa dem gemeinsamen Frühstück, gibt es durchaus Formen des Sichfindens, und daß diese Arbeit oft von vorn begonnen werden muß, ermöglicht ja auch wieder das Fortwähren des Genusses. Bei Goethe und der Stein nun begegnet mir von all dem nichts. Nie sonst sah ich eine Flamme von solch gleichbleibender Heftigkeit und kalter Hitze, nie sonst aber auch so wenig Gemeinsames zwischen Liebenden: keine Zuneigung, keine Ähnlichkeit der Seelen, kein Passen der Absichten oder bloß der Gewohnheiten; zwischen diesen Inseln ging nicht einmal eine Flaschenpost. Sie liebten, aber nicht einander. Sie hatten, außer daß sie liebten, nichts mitsammen zu schaffen. Im Grunde war da überhaupt keine Liebe; da waren nur zwei, die liebten. Es war kein Drama, es waren zwei Monodramen.

Weshalb ich nicht besser das Monodrama Goethes geschrieben? – Aber ich war so vergnügt über die Stein: ich hatte endlich den Stoff für ein Trauerspiel. Gegen die Tragödie sprechen für mich nicht nur historische Erwägungen, auch solche der Schicklichkeit. Die Tragödie ist die Gattung, welche sich nicht schickt. Leiden ist ja irgendwie immer eine Form des Sichgehenlassens. Mit der Stein hatte ich eine Heldin gefunden, deren unstreitige Größe ganz unedel war. Sie ist gut genug für ein Drama und schlecht genug für ein Trauerspiel.

Während dieselbe Fabel, von Goethe aus Rom her erzählt, ein Lustspiel geworden wäre? – Genau. Goethe war, verzweifelt, wie er meistens war, immer auf eine gewisse Art glücklich, die Stein, obenauf, wie sie meistens war, verzweifelt. Die Sache brachte Goethe weiter und machte die Stein fertig. Das Trauerspiel gehört allein ihr.

Ob ein mißbilligter Held zum Helden eines Trauerspiels taugen könne? – Von Mißbilligung ist keine Rede; ich habe der Stein nichts vorzuwerfen. Sie hat aus freien Stücken keine Tücke geübt: deshalb, weil sie gar nichts aus freien Stücken tat. Sie war unglücklich, daher ihre Bosheit, und weil sie böse geworden war, endete sie im Unglück. Was die – schon hinsichtlich ihrer Dauer höchst erfolgreiche – Liebesgeschichte betrifft, haben beide Partner ihr Bestes gegeben, und wo das zu sagen geht, ist kein Platz für die Frage nach Recht oder Unrecht. Ich bin, wie ein dramatischer Autor muß, mit Hingabe parteiisch: nämlich für alle handelnden Parteien. Falls mit der Stein nicht gefühlt werden kann, ist mir, oder der Aufführung, etwas danebengeraten.

Wer an dem Bruch die Schuld trage? – Keiner; der Grund für das Scheitern der Liebe lag außerhalb ihrer eigenen Regel. Es ging nicht um Charlottens kalte oder Goethes überheizte Zimmer, es ging nicht um ihr Nichtempfangenwollen von geschlechtlicher Lust oder sein Nichtgebenkönnen; es ging nicht einmal um den Pudel: es ging um die Steuern für Kochberg. Goethe hat vom ersten bis zum letzten Tage nicht aufgehört, den kleinen Grundrentnern Steuern abzuverlangen und sie damit geraden Wegs in die Pleite zu wünschen; noch in den Wanderjahren will er es so. Und die Stein war, bei Strafe ihres bißchen Unterhalts, genötigt, sich gegen dieses Ansinnen zu wehren, zuletzt in einem klugen Stück, das sie verfaßt hat, der »Dido«.

Ein kluges Stück, inwiefern? – Es enthält die Nachricht, daß drei Witzköpfe, Goethe, Knebel und Bertuch, als Söldlinge einer ausländischen Macht sich verschworen hätten, im Herzogtum Weimar den jakobinischen Umsturz herbeizuführen.

Ob das nicht barer Unsinn sei? – Nein, wahrhaftig, hiervon verstand sie was. Die gemeinsame Abneigung sowohl der Fürsten als der Bürgerlichen gegen die Steuerfreiheit der Krautjunker begründete eine Art Volksfront, deren Vorhergang den Ausbruch der französischen Revolution in der Tat erst ermöglichte. Die Besitzerin von Kochberg mußte, was den Punkt angeht, bessere Einsicht haben als jene Schwätzer, die noch heute Goethe als einen Verteidiger des Bestehenden zu tadeln sich herausnehmen, jüngstens etwa Herr Peter Weiss. Nun, es ist sicher kein besonderes Verdienst, Herrn Peter Weiss an Einsicht zu übertreffen. Aber selbst Heine entdeckte den Jakobinismus in der klassischen deutschen Philosophie erst sehr viel später, als er von Kant, Fichte und Hegel dasselbe sagte wie die Stein von Goethe, Knebel und Bertuch. Sie tat es auf eine ein wenig lächerliche Weise, aber sie tat es vierzig Jahre vor Heine. Natürlich beruht dieses erstaunliche Ahnungsvermögen auf einem Naturgesetz.

Wie das Gesetz laute? – Die Reaktion riecht die Revolution lange, bevor die letztere sich im mindesten noch als solche begreift.

Aus welchen Gründen der politischen Frage im Stück so wenig Raum gegeben worden? – Aus Gattungsgründen; ein Drama ist kein Geschichtswerk. Übrigens ist die Frage inzwischen auch ziemlich gelöst, soweit ich sehe.

Was ungelöst sei? – Eigentlich alles, wovon das Stück handelt. Wir beobachten eine Frau und ein Genie. Wenn es in unserer Gesellschaft zwei Sorten von Leuten gibt, mit denen sie nicht recht etwas anzufangen weiß, sind es die Frauen und die Genies. Das ist beileibe nicht irgendjemandes Ungeschicklichkeit anzulasten; es folgt notwendig aus dem gegenwärtigen Produktionsstand. Die endgültige Rolle sowohl der Frauen als der Genies wird sich erst unter der Bedingung wesentlich höherer Produktivität herausstellen. Für die jetzige Aufgabe, Ärmliches zu erzeugen und – so gerecht wie, ohne das Erweitern der Forterzeugung zu stören, möglich – zu verteilen, sind beide Sorten, wie ich glaube, zu wenig umweltgeschützt und wohl auch zu kostbar. Sie bewohnen ein fremdes Element, das sie zwingt, ihre eigentümlichen Kräfte ans bloße Überstehen dranzugeben; daher ihre Launen, ihre Anmaßungen, ihre Unberechenbarkeiten. Die Dramaturgie meiner bisherigen Stücke war von der Tatsache bestimmt, daß ich, der Autor, die Lösung der abgehandelten Schwierigkeit gewöhnlich wußte und natürlich das Recht nicht hatte, sie zu verschweigen. Ich zeihe mich da keines Kunstfehlers; es verhält sich in den meisten Dramen der Klassiker nicht anders. Aber hier war ich mit einer Schwierigkeit befaßt, deren künftige Beseitigung sich auch im gedanklichen Vorgriff nicht ausmitteln lassen will, und angesichts derer der Dramatiker nichts tun kann, als vorläufige Sachverhalte so genau, wie er das vermag, als schwierige zu beschreiben. Das ist eine sehr rein und artige Stückform. Der Zuschauer, in die Sorgen der Stein und Goethes verwickelt, wird nicht umhin können, sich den Grad der bisherigen Änderungen bewußt zu machen, und er ist, denke ich, gehalten, sich mit ein paar Meinungen in der Richtung des Kommenden zu versuchen.

2. DER STOFF

Wie es nicht war

Eine der Hauptfragen bei den Untersuchungen ihrer Beziehungen zueinander ist immer gewesen: hat Charlotte dem Freunde ihren körperlichen Besitz gewährt? Manches Jahr habe ich mir, still für mich, den einen wie den anderen Fall gesetzt. Und endlich haben mich gerade Charlottens Bitterkeiten, viel mehr noch als selbst Goethes Zeugnisse, zum unbedingten Glauben gezwungen, daß sie sich im März 1781 ihm ganz zu eigen gab. Charlotte bedurfte dieser letzten Hingabe gewiß nicht. Sie widersprach ihrer Art, ihrer Umwelt, ihrer Erziehung, ihrem Lebensgange, der Temperatur ihrer Organe. Sie brachte ein Opfer!

Ida Boy-Ed

Wie es auch nicht war

Sollte es durchaus nötig sein, angesichts der unzähligen Briefe Goethes an Frau von Stein und des Zeugnisses der vielen Mitwisser jenes schmerzlichen holden Liebesbundes auszusprechen, von welcher Art er gewesen ist, so sei gesagt: Charlotte von Stein ist nicht Goethes Geliebte, sondern seine geliebteste Freundin gewesen und zwölf Jahre hindurch geblieben. Worin der Zauber bestanden, der ihn ein halbes Menschenalter an jene Frau so reich band, das ist mit den Hilfsmitteln der Wissenschaft unerforschbar.

Eduard Engel

Die heiligenden, die religiösen Kräfte seiner Natur wurden durch Frau von Stein gestärkt und gehoben. Sie machte ihn still und maßvoll. Sie kühlte sein heißes Blut.

Wilhelm Scherer

Wie es war

Als Goethe im Jahr 1775 in Weimar eintraf, um der Vertraute und Minister des Herzogs Carl August zu werden, verliebte er sich sehr schnell in die Gattin des Oberstallmeisters, Charlotte von Stein. Es gelang ihnen, einen zehnjährigen Ehebruch vorzutäuschen; die Mehrzahl der Fachleute indessen bezweifelt zu Recht, daß ihr Verhältnis fleischlicher Art war. Berühmt sind die über 1500 Briefe, die von Goethe in Charlottes Haus in der Ackerwand gingen. Es sind feurige unter denselben, aber sind es nicht eben die schweigenden Wälder, in die man am lautesten hineinruft? Der Grundton des Verhältnisses wird schon früh angeschlagen:

»Ach, wenn du da bist,
Fühl ich, ich soll dich nicht lieben,
Ach, wenn du fern bist,
Fühl ich, ich lieb dich so sehr«.

Im Jahr 1786 verließ Goethe heimlich die Freundin und das Regierungsamt und reiste nach Italien, wo er sich seinem Beruf, dem eines Klassikers, widmete. Nach einem glückerfüllten Aufenthalt von fünfzehn Monaten entschloß er sich, die Mutter eines unehelichen Kindes, eine gefällige Frau namens Faustina, zu seiner Geliebten zu machen. Man nimmt gern an, die Welt habe genauere Nachricht über Goethes bis dahin gepflogene Enthaltsamkeit vom Weibe dem Klatschbiographen Richard Friedenthal zu danken. Aber schon Wilhelm Bode sagt:

> »Dieser in der Mitte seines 39sten Jahres geschriebene Brief [an Carl August, vom 16. Februar 1788] ist der erste Beweis eines Geschlechtsverkehrs Goethes. Wir stehen hier vor einem Ignoramus und wohl auch Ignorabimus«.

Kaum wieder nach Weimar zurückgekehrt, nahm Goethe ein junges Mädchen aus dem Kleinbürgertum, Christiane Vulpius, in sein Haus und Bett. Wieviel Geschmack er an der ausübenden Liebe gewonnen hatte, zeigen seine wundervollen »Römischen Elegien«, in denen er seine Erfahrungen mit Faustina und Christiane vermischte. Anläßlich einer Badereise tändelte Goethe ein wenig mit der Baronin Marianne von Eybenberg; Christiane zeigte Eifersucht, aber Goethe fand das richtige Wort, sie zu beruhigen:

> »So angenehm und liebreich sie ist, so gehn wir doch nicht auseinander, daß sie nicht etwas gesagt hätte, was mich verdrießt. Es ist *wie in der Ackerwand*«.

P.H.

Wie es genau war

Goethe litt anscheinend an vorzeitiger Ejakulation, ausgelöst durch das sexuelle Vorspiel, besonders durch Küssen, oder vielleicht sogar nur durch Küssen.

Sie war frigide, vermutlich auf hysterischer Basis. Hier kommt der zwanghafte schizoide Faktor zum Vorschein. Man stößt bei solchen Frauen tatsächlich auf starke sadistische Impulse. Ihr großer Idealismus und die idealistischen

Forderungen, die sie an ihre Umgebung stellte, waren teilweise das Resultat eines inhärenten Sadismus.

Die Geschichte seines Sexuallebens zeigt sehr eindringlich, daß selbst nach seiner Genesung, wie das Faustina-Erlebnis anzeigt, Goethe nur eine Frau von geringem sozialen Stand, mit geringer Bildung und niederen Umgangsformen mit offener Sexualität lieben konnte. Wieviel an sexueller Leidenschaft in seinen Beziehungen zu anderen Frauen auch vorhanden gewesen sein mag, sie führte niemals zu einer genitalen Vereinigung.

Kurt R. Eissler

Eine Doppelentdeckung

Das »Gespräch im Hause Stein über den abwesenden Herrn von Goethe« wurde 1975 geschrieben. 1985 erschien der zweite Band der deutschen Ausgabe von Eisslers »Goethe« und überraschte den Verfasser mit drei Schlußfolgerungen, zu denen jener Gelehrte bereits 1963 gelangt war; sie lauteten: Die erotische Anziehung der Stein habe auf ihrer Frigidität beruht, Goethe habe bis zur italienischen Reise stets und unvermeidlich an vorzeitigem Samenerguß gelitten, und wenn er sich überhaupt jemals mit Personen weiblichen Geschlechts fleischlich zu paaren vermochte, dann jedenfalls nicht mit solchen von Erziehung oder gesellschaftlichem Rang. Es sind dies dieselben Schlußfolgerungen, zu denen das Stück kommt. Die gleichzeitige Aufstellung derselben These durch zwei zuständige Menschen auf zwei Erdteilen hat eine hohe Beweiskraft, eine solche These sollte geglaubt werden.

P.H.

3. ZUR FORMENLEHRE

Dreigespräch über Monodrama

Günther Rücker:

Es sind von mir im Funk Arbeiten veröffentlicht worden, die als »Monologe« liefen. Wir sollten sie hier vergessen. Sie waren szenisch, insofern sie in einer bestimmten Situation vorgestellt wurden, aber alle ihre Gattungseigenschaften entstammten der Prosa, nicht dem dramatischen Bereich. Im Grund sind es Erzählungen. Es gab bei uns im Funk keine echten Einpersonenstücke.

Ich habe die nicht sehr große Zahl bürgerlicher Einpersonenstücke durchgesehen. In diesen Stücken geschieht eigentlich immer nur eines: eine Person wird abgebaut, ein Leben oder ein Lebensgefühl wird vernichtet. In jedem Fall vollziehen sich Zusammenbrüche. Einzelgänger halten Abrechnung mit sich, und das Resultat, zu dem sie gelangen, ist ein widerliches.

Liegt es an der Welt oder an der Gattung? Das Einpersonenstück bedarf einer Erklärung, weshalb ein Mensch sein Innen zum Außen macht, sich so rückhaltlos offenbart, eben monologisiert. Die Helden stehen also unter Rauschgift, unter Alkohol oder unter der Einwirkung von Senilität. Sie lallen im Fieber. Sie sind sämtlich in extravaganten Situationen. Aber das sind für mich Mittel, bei denen ich nicht glücklich bin.

Es gibt ja doch auch vernünftige Umstände, unter denen ein Mensch, der mit sich allein ist, reden kann. Etwa, wenn er eine Ansprache übt, die er zu halten vorhat. Oder wenn er telephoniert. (Das Einpersonenstück, scheint mir, kommt um das Telephon kaum herum, was freilich vom Standpunkt der dramaturgischen Ehrlichkeit nicht ganz unbedenklich ist). Und es läßt sich doch auch die Möglichkeit denken, daß einer, anläßlich einer Selbstuntersuchung, nicht zerbrechen muß, sondern sich aufbaut. Er könnte doch auch mit einem Ja enden, zu sich oder zum Leben.

Ich versuche also, von dem ganzen traurigen Modekram, der Kunstschule der billig gewordenen Tode, abzusehen. Ich versuche, aus der Beliebtheit, die viele 1-Mann-Vorstellungen beim Publikum genießen, eine gewisse Hoffnung zu schöpfen. Nach einer Periode falscher Ideen von Kollektivität, nach einer Zeit der Überbetonung des Gesellschaftlichen hungert plötzlich der Zuschauer nach einem Gesicht, das er in Ruhe beobachten kann. Der Mensch tritt in den Mittelpunkt. Und wo täte er das unmißverständlicher als im Einpersonenstück? – Es besteht sicher ein Zusammenhang zwischen dem Auftreten von Einpersonenstücken und geschichtlichen Zuständen erwachender Subjektivität.

Dennoch scheint mir der Beweis für die Möglichkeit des Monodramas als einer echten Theaterform nicht erbracht. Ich sehe nicht den zwingenden Grund, aus dem derlei auf die Bühne und nicht in die Prosa gehört.

Die Gattung, wenn es sie gäbe, müßte so aussehen: eine in Peripetien sich abspielende Katastrophe. Leider gibt man sich bei uns zu wenig Mühe, Stilprobleme zu durchdenken und durch Erprobung zu einem Ergebnis zu bringen. Man läßt alte Zeitungsfrauen ihr Leben überblicken, und man nimmt die Rührung über den Stoff für Kunstwirkung. Man ist mit kleinen Erfolgen zufrieden. Aber man sollte sich in den Künsten nicht leicht zufrieden geben. Man muß ein Genre an seine Grenze treiben, bevor man etwas darüber weiß.

Peter Hacks:

Rücker hat in seiner sehr gründlichen Analyse des gegenwärtigen Zustands des dramatischen Monologs drei Fragen aufgeworfen. Ich halte sie für die klassischen Fragen, die mit dem Genre verbunden sind. Ich will sie wiederholen. 1. Weshalb handelt das Monodrama in der Regel von Zusammenbrüchen? 2. Weshalb befinden sich die Helden in außergewöhnlichen Lagen? 3. Weshalb – oder zu wem – reden sie, obgleich sie doch allein sind? Ich vermag diese Fragen, glaube ich, zu beantworten. Aber ich muß zu dem Zweck die neueste Jetztzeit verlassen und mich in die früheste Frühzeit begeben.

Das Monodrama leitet sich ab vom kultischen Tanzgesang der Priester. Die Priester stellten die Begebenheiten eines Gottes dar. Ein Kult hat immer nur einen Gott, so hat der rituale Tanz nur eine Person. Dieser Gott muß einen Abend füllen und folglich eine Dramaturgie entwickeln.

Nun werden Götter überaus gern geschlachtet. Sie führen ein Leben, das auf Zusammenbrüche hinausläuft. Das, für das sie ja stehen – Jahreszeiten, Gestirne, Ackerfrüchte oder die Könige im Matriarchat – ist zum Untergang bestimmt. Freilich auch zum Wiedergeborenwerden. Tod, so lehren die Geschichten der heiligen Könige, schlägt um in Leben. Das ist eine sehr befriedigende Nachricht: keine weinerliche, wie die der heutigen Einpersonenstücke, sondern eine tragische. Diese Götterkatastrophen sind der Ursprung der kathartischen Wirkung und der Gattung Drama.

Von da her also handelt Monodrama von (stolzen) Zusammenbrüchen, befindet sich in extravaganten (göttlichen) Situationen und hat einen Grund, überhaupt stattzufinden: die Selbstdarstellung eines Gottes, der ja im Mysterium leibhaft zugegen ist und sich nicht dafür entschuldigen muß, daß er sich offenbart. Ich halte die Meinung, der Held des Monodramas bedürfe einer außergewöhnlichen seelischen Befindlichkeit, aus der heraus er zum Reden aufgelegt sei, einfach für dekadent.

Anna Elisabeth Wiede:

Der Sozialismus ist fähig, mit Menschen im gleichen Ernst sich zu beschäftigen, wie unsere Vorväter mit Göttern. Dennoch ist das nur etwas Ähnliches, nicht das Gleiche. An einen Gott zum Beispiel wurde geglaubt. Er mußte seine Wichtigkeit nicht erst beweisen und konnte mit Anteilnahme rechnen, ohne daß ein Dramatiker ihm eigens auf die Beine half.

Natürlich ist die Dramaturgie des Monodramas der antiken Dramaturgie verpflichtet. Ein Mensch allein macht keine Handlung. Er kann nur über eine vergangene Handlung berichten. Die Geschichten des Monodramas sind in der Hauptsache Vorgeschichten, es arbeitet, wie die griechische Tragödie, analytisch. Aber die analytische Dramaturgie gehört seit Ibsen fast ausnahmslos dem Boulevard. Die meisten neuen Einpersonenstücke sind nicht deshalb welche, weil ein Gott heilig, sondern deshalb, weil ein Star teuer ist.

Ich meine, wenn das Monodrama in den grauen Anfängen der Menschheit etwas Natürliches war, ist es heute etwas Künstliches. Ich finde eben hierin den Reiz. Mir kommt das Monodrama immer als ein ganz besonders exquisites Kunststück vor. Ich liebe die Tricks, die es anwenden muß, um das Publikum zum Dabeibleiben zu verführen.

Sicher sind die Telephone die neuzeitliche Entsprechung für die alten Botenberichte. Auch ich halte alle diese

Mittelchen – Telephone, Grammophone, Tonbänder, Briefe, aufgefundene alte Notizen oder Dokumente – für technisch geschummelt, aber mir ist bei derlei Schummeleien überhaupt nicht unwohl. Nachrichten müssen und dürfen herein, solange sie die Schönheit der Sache – ein Schauspieler füllt eine Bühne mit einer Welt – nicht beeinträchtigen. Monodrama darf Fenster, und es darf keine Türen haben.

Sicher auch ist dem Monodrama die überraschende Schluß-Wendung eigen, und ich stimme Rücker zu, wenn er sagt, es müsse auch eine Wendung zum Guten sich denken lassen. Aber wir sollten statt von »heroischer Katastrophe« bescheidenerer Weise von »Pointe« reden. Die Pointe, sei sie tragisch, optimistisch oder einfach komisch, ist wieder so eine gefinkelte Sache: ein Dreh, an dem es die Virtuosität ist, die gefällt.

Für »extravagante Situation« würde mir »dramatische Situation« genügen. Monodrama ist eine Form des Dramas, mit der man Fabeln erzählen kann, wenn man es kann. Aber ich glaube doch, daß dieses Genre etwas außerhalb der Normalität liegt. Wahrscheinlich ist die Form des Dramas, die unser verehrter Kollege William Shakespeare gepflegt hat, für höchste Zwecke und weiteste Wirklichkeitserfassung doch geeigneter als das Monodrama. Monodrama mag ein Triumph der Geschicklichkeit sein, aber es ist kaum einer der Dramatik.

Aus einem Gespräch
der Arbeitsgruppe Dramatik
in der Akademie der Künste
der DDR am 6. Mai 1974

Dramaturgie göttlich

Monodramen vor Thespis

Das Monodrama, das Drama von nur einer Rolle, ist eine der abgelegensten und verschrobensten Formen der dramatischen Literatur überhaupt. Die Neigung der Wirklichkeit zu Paradoxen will, daß es zugleich die älteste ist. Das Monodrama war vor dem Drama, es ist seine Urform.

Die ganze Sache kam so.

Drama, das wissen Sie und ich, hat seine Herkunft aus dem kultischen Göttertanz. Ein Pfaffe oder Götzenkantor verwandelt sich vermöge einer Maske oder Bemalung in einen Gott, welcher geruht, zu irgendwelchen ungebildeten Anlässen zu erscheinen, und den am Kult Teilnehmenden Höchstwichtiges zur Kenntnis bringt. Er stampft knickebeinig den Boden, hat einige Federn im Ohrläppchen stecken und ist bis zum Hals voll mit Schnaps und dem örtlichen Billigrauschgift, aber das sind nicht die Einzelheiten, auf die es uns hier ankommt.

Der Gott wird im Verlauf der Verweltlichung dieses Brauchtums zum Schauspieler, das Dutzend oder die Mandel der Mittänzer zum Chor. Das ist die Gestalt des Theaters, die man dem Thespis zuschreibt.

Diese Thespis-Stücke freilich sind bereits keine Monodramen mehr. Sie verfügen über nicht mehr als einen Darsteller, aber der kann sich viele Masken aufsetzen und also viele Rollen geben. Der Darsteller verkörpert, wen er will, auch Frauen und Mädchen. Eingeschränkt ist das Thespis-Stück nicht in der Zahl seiner Personen; eng ist allein die Personenzahl der Auftritte. Mit sich selber reden kann keiner. Zum Dialog kommt es nur mit dem Chor, übrigens gibt es nur eine Folge von Monologen.

Insofern bedeutet die Erfindung des zweiten Schauspielers durch Aischylos einen Sprung und den Beginn des Dramas, wie es seither verstanden wird. Ein Drama, das ausschließlich aus Duoszenen besteht, ist bis heute denkbar und erträglich. Hinzu kommt, daß Aischylos mogeln kann. Gleich in der Eingangsszene des »Prometheus« sieht man vier Personen handeln, obgleich nur zwei tatsächlich spielen und sich die andern zwei, die ausgestopft sind, nur wie Masken vornehmen.

Das Monodrama, in welchem ein einziger Künstler eine einzige Götterrolle aufsagt, muß folglich existiert haben zwischen der steinzeitlichen Hineinbegeisterung in den erscheinenden Gott und dem Maskendrama des Thespis. Der Gott, statt nur anzuleiten oder sich über uns zu beschweren, hat schon Begebenheiten. Er kämpft, wird getötet, aufersteht etc. Die ursprüngliche Heidengemeinde spaltet sich in eine Abteilung, die mitwirkt, den Chor, und eine, die zusieht, das Publikum.

Es ist von den antiken Urmonodramen kein Beispiel erhalten. Aber ein Abglanz von denen ist der »Prometheus« des Aischylos.

Der »Prometheus« ist wesentlich ein Monodrama.

Die Titelrolle hat zwar, anders als sie im Monodrama dürfte, ein paar Mitspieler, (die vom zweiten Schauspieler gegeben werden). Aber die Mitspieler können, was immer sie tun und sagen, an der Lage, in die der Prometheus geschmiedet ist, nichts ändern; so sind sie keine Handlungspartner, nur Stichwortgeber. Sie sind nicht einmal Boten. Sie bringen nichts Neues, sie bringen nur den Prometheus auf was Neues, das er sich notfalls auch selbst hätte einfallen lassen können. Wenn sie sich ihm zwar körperlich zeigen, bleiben sie doch eigentlich innere Stimmen, und indem sie ihm vor Augen treten, gehen sie ihm doch nur durch den Sinn.

Die Peripetien sind im Monodrama bloß Gemütsschwankungen des Helden. Er ist bald zuversichtlich, bald verdrossen, mehr Handlung ist technisch nicht zu machen.

Prometheus' Mitspieler sind rein dramaturgische Existenzen, und es ist eine rein dramaturgische Sprache, in der sie sich ausdrücken. »Erzähle uns das und das«, so reden sie, und der Titan erwidert in der nämlichen Sprache. »Ich will Ihrem Ansinnen willfahren«, versetzt er, »zuvor indes gebe ich eine andere Sache bekannt, an deren Mitteilung mir, beziehungsweise dem Autor, liegt«.

Die Einsamkeit des Schauspielers im Monodrama versetzt ihn gleichsam in einen abgeschlossenen Raum. Die Schwierigkeit für den Verfasser ist, wie die Nachrichten in den Raum hereinbringen, welche die Glücksumschwünge auslösen. Diese Schwierigkeit wird im ausgebildeten Monodrama mit Mitteln behoben, die Kniffe sind und ohne welche kein Monodrama auskommt.

Ein Mittel sind Stimmen von hinter der Szene. Sie heißen heute »aus dem off« und werden gern durch ein Radio ersetzt. Statt Boten, die ausgesperrt bleiben müssen, gibt es Briefe, die durch den Einwurf fallen oder in einer Schublade sich finden. Ein weiteres Mittel ist die Teichoskopie, also der Blick in die Kulisse. Wichtiger als alles das zusammen ist inzwischen das Telephon geworden, welches sogar den Dialog zwischen der Klause und der Welt ermöglicht. Ich persönlich finde dieses Mittel zu bequem, um wirklich vornehm zu sein.

Zurück zum »Prometheus«. Einen Peripetienbringer läßt das Stück dann doch herein, und er bleibt derjenigen Nachricht vorbehalten, die alles wendet, dem Crash und Super-Gau. Hermes, scheinbar ein echter Bote, kommt und leitet den Zusammenbruch ein. Aber Prometheus empfängt den Schlag sonderbar gefaßt. »Wozu schickt mir mein Feind

Zeus einen Boten«, sagt er mit schöner Anmaßung, »mir, der ich alles schon vorher weiß?«

Seine Niederschmetterung ist nur als ob.

Es gibt eine dramaturgische Sache, konstitutiv für alle Dramen seit diesem Drama: die *erwartete Überraschung*.

Die Haltung des Vorauswissens, die im Wortsinn nur dem Prometheus eignet, ist als Gattungshaltung verallgemeinerbar. Die Glückswechsel hetzen und hecheln; der Held winkt nur müde ab und redet: »Was Glück, was Unglück? bin ich denn einer, der nicht weiß, wie es auf der Erde zugeht? Der Mann kann mich foltern, doch nicht wundern«.

Prometheus' Vorauswissen steht für eine Welthaltung, die fortan und für immer die Höhe von Literatur anzeigt, die historische Ironie. Kunst ist einmal nicht aufgeregt.

Außer daß sie als Stichwortgeber dienen, erfüllen der Chor und die Mitspieler im »Prometheus« eine weitere Aufgabe. Sie machen dem Helden die Zuhörer. Sie liefern dem Helden den Grund, warum, nämlich zu wem, er spricht. Warum und zu wem er spricht, wird jeder Held eines Monodramas in Zukunft zu begründen haben. Da Sie mein »Gespräch im Hause Stein über den abwesenden Herrn von Goethe« kennen, darf ich zu Ihnen sagen: diese Mitspieler sind dem Prometheus seine Josiasse.

Ob Sie mich nun lang oder kurz finden: in allen Hinsichten des dramaturgischen Geschäfts ist der »Prometheus« des Aischylos, dessen Held von Stückanfang bis zum Stückschluß auf der Szene zugegen ist und sich ausspricht, der älteste überlieferte Fall eines Monodramas und das Vorbild für diese Kunstsorte, das wir einmal besitzen.

Schauplatz des »Prometheus« ist ein Felsen am nördlichen, skythischen Meer. Zwei Polizeioffiziere bringen den Prometheus, einen Staatsfeind. Auf Befehl des neuen Götterkönigs Zeus wird er von dem Schmiedegott Hephaistos fachmännisch an den Felsen angekettet. Der eine Scherge, Krates, d.i. Macht, verhöhnt ihn beim Abgehn. Streng deinen Kopf an, empfiehlt er, »wie du aus diesem Eisenwerk dich winden magst«.

Prometheus, allein, redet die Zuschauer an: »Seht her, was dulden ich, ein Gott, von Göttern muß«. Diese Klage besorgt, wird er seiner Lage gewahr und bringt sie unter die Kontrolle seiner Analyse. Emporkömmlinge auf Thronen, behauptet er, sind immer die Grausamsten. Als der Vorauswissende, der er ist, erkennt er in allen Wechselfällen des Schicksals den Gang der Notwendigkeit.

Durch die Luft, in einem Wagen, erscheint ein Mädchenchor. Es sind die Okeaniden, Töchter seines Stammes und von seiner Partei. Auch sie murren gegen das neue Regiment, das sich im Olymp breitmacht. Keine Gesetze gelten mehr, nämlich nicht die alten Stammesgesetze, nicht die von ihnen gewohnten. Willkür, murren sie, herrscht, angemaßte Befehlsgewalt.

Prometheus berichtet die Vorgeschichte seiner Verurteilung. Im Götterhimmel gab es einen Umsturz; Zeus löste seinen Vater Kronos ab. Die Titanen waren mit Kronos verbündet, der Titan Prometheus aber, als Vorauswissender der Niederlage, schlug sich vernünftigerweise gleich zur Siegerpartei. Zeus faßte nun den Plan, die Menschen auszurotten und andere zu machen. Hiergegen arbeitete Prometheus. Er gab den Menschen die Hoffnung und das Feuer. Er lehrte die rohen Schwachköpfe, die sie waren, »alle Kunst«: die Astronomie, die Ackerwirtschaft, die Schiffahrt, den Bergbau, die Heilkunde. So sehr weiß er sich im Recht.

Anfliegt, auf einem geflügelten Pferd reitend, der Titan Okeanos und erbietet sich, für Prometheus bei Zeus zu vermitteln. Prometheus rät ihm ab. Er erinnert ihn an die anderen Genossen der Götterschlacht, die jetzt durch unwiderrufliche Marter dafür zahlen, daß sie gegen Zeus zu Kronos hielten, die Titanen Atlas und Typhon. Okeanos versteht sich dazu, seine eigene Haut zu retten, und reitet wieder ab.

Io kommt getrappelt, jene Jungfrau, die von Zeus begehrt und hierfür von Hera in eine Kuh verwandelt wurde; eine Bremse verstört sie mit ihren Bissen. Dieser Leidensgefährtin kann Prometheus mit Rat dienen. Er weist ihr den Weg über den Kaukasus und den Bosporus ins Nildelta. Dort, verkündet er ihr, wird sie eines Kindes genesen, und ein ferner Nachkomme desselben wird einstmals auch ihn, Prometheus, erretten; der unterrichtete Zuschauer weiß, die Rede geht vom Herakles. – Io wird wieder vom Rinderwahnsinn übermannt und trabt ab.

Prometheus, der über seine vorgewußte Erlösung schon viele Andeutungen verloren hat, wird nun deutlich. Der Fluch des Kronos, faßt er zusammen, wird den Zeus zu einer Ehe verleiten, aus welcher sein Sturz vom Thron folgen muß. Aischylos lebte zu einer Zeit, wo jeder Weiler von jeder besseren Geschichte eine eigene Lesart beliebte. Von dem Überangebot des Mythos erdrückt, bringt er es in diesem Hauptpunkt nicht zu völliger Klarheit. Offenkundig gehen drei Rettungsaussichten durcheinander. 1. Die Heldentat des Herakles wird Prometheus erlösen. 2. Zeus wird sein Amt verlieren und Prometheus seiner Strafe ledig sein. 3. Prometheus verfügt mit seiner Wahrsagung über ein Druckmittel, das sich zu einer Erpressung brauchen läßt; er kann die Kenntnis von Zeus' drohendem Verhängnis gegen seine Entlassung eintauschen. Wie immer er die kommenden Dinge genau einschätzt, durch diese Überlegungen wird er fast guten Mutes. Ziemlich herablassend spricht er von Zeus als von einer vorübergehenden Erscheinung. Aber das voreilige Wohlbefinden schlägt um in düsterste Enttäuschung.

Des Wegs einher schlendert Hermes, Zeus' Bote, und er befiehlt dem Prometheus sehr harsch, sein Zukunftswissen preiszugeben. An einen Handel Geheimnis gegen Freiheit ist gar nicht zu denken. Zeus verlangt die bedingungslose Herausgabe der Information, andernfalls dem Prometheus unerhörte Qual drohe, die Unendlichkeit lang. Aber Prometheus sagt nicht aus.

Er hänge, erklärt er, lieber an dem Felsen befestigt, als daß er sich zum Lakaien eines Herrschers erniedrige. Zeus' Adler, droht Hermes, werde Tag um Tag seine Leber fressen. Prometheus entgegnet: »Ich hasse alle Götter«.

Das Drama endet mit einem Tableau. Donner und Blitze krachen. Der Felsen versinkt in der Erde, samt Prometheus und dem sein Schicksal teilenden Chor.

*

Das andere Monodrama, das wir Deutschen kennen, ist Goethes »Proserpina«. Ich erzähle mit Ihrer Erlaubnis auch die.

Proserpina tritt auf und hält inne, des Umherirrens müde. Ort sind die »Trauergefilde«, die Faubourgs des Tartaros. Sie bricht in eine Klage aus: »Ach, Tochter des Jupiter, wie tief bist du verloren«. (In einer sonst nicht wesentlich abweichenden zweiten Fassung hat Goethe »Enkelin des Jupiter«; die Wahrheit ist, sie ist seine Nichte. Ihre Mutter Ceres ist Jupiters Schwester. Ihre Mutter Ceres ist auch Schwester des

Pluto, was den nicht hindert, sich mit Proserpina zu verheiraten. So viel nur vorweg).

Proserpina verliert sich in süße Erinnerungen an die Tage, als sie mit ihren Gespielinnen, den Nymphen, im Tau die Rosenfüße badete.

Aus diesem jungfräulichen Treiben wurde sie von den Pferden des Pluto weggerissen. Was sie inzwischen ist, ist nichts weniger Schauderhaftes als: die Königin der Hölle.

Sie gedenkt anderer berühmter Höllenbewohner, des Tantalos, des Ixion, der Danaiden. Ihre Stellung als Königin befugt sie nicht, deren Pein zu lindern, auch ihre Stellung als Göttin nicht, auch nicht ihre Position als Tochter der Ceres.

Immerhin, indem ihr auf diesem Denkweg die Mutter beifällt, fällt ihr bei, daß die um sie besorgt sein muß. Wahrscheinlich fordert Ceres eben bei Jupiter Hilfe an. Ihr Onkel Jupiter, denkt sie, wird sie sicher von ihrem Onkel Pluto weg und in den Himmel heimholen. Hoffnung zieht in ihr Herz.

So erheitert, erübrigt sie Aufmerksamkeit für ein Pflänzchen, das einen Granatapfel trägt. Sie kostet ein paar Körner, die gut schmecken, »Labend, labend«, ruft sie. Aber das voreilige Wohlbefinden schlägt um in düsterste Enttäuschung. Von den Erzhexen, den Parzen, die sich aus der Kulisse oder dem Orchestergraben vernehmen lassen, erfährt sie, daß die Kostprobe von dem Apfel sie für alle Ewigkeit verurteilt.

Der ehrende Hohn der Parzen mengt sich in Proserpinas heulendes Elend, sie ist von ihnen zur Königswürde versklavt. Du bist unser, wiederholen ihre unerfreulichen neuen Bediensteten unablässig.

Proserpinas Verzweiflung wandelt sich in Trotz und Wut. Sie verabscheut die Parzen, deren Herrin sie nicht sein will. In zehnfachem Maße verabscheut sie den Pluto, ihren

Mann. Sie haßt seine Umarmungen. Lieber als daß sie ihm fleischlich zu Willen wäre, will sie alle Qualen der Verdammnis leiden.

Das Drama endet mit einem Tableau. Die Hölle, ihr Wohnort fortan, tut sich auf.

*

Der Unterschied zwischen der Fabel eines Stücks und einem Stück ist der, daß das Stück in einer Ausführlichkeit hingebreitet ist, die es befähigt, ohne sonderliche Mühewaltung derselben ins Verständnis der Zuschauer einzusinken. Daher strengt das Lesen von dramatischen Fabeln immer an.

Der Anstrengung ungeachtet, werden Ihnen zwischen der »Prometheus«-Fabel und der »Proserpina«-Fabel Ähnlichkeiten aufgefallen sein. Wenn jenes Drama ein »gebirgiges Meerufer« zur Ortsangabe hat und dieses »eine öde, felsigte Gegend«, erkennen Sie jedenfalls, daß Monodrama nicht in der Wirtlichkeit beginnt. (Goethe übrigens schlägt 1815, wo er seit der Abfassung des Werks vierzig Jahre lang gealtert ist und seinen Geschmack geschult hat, in einem Aufsatz, der »Proserpina« heißt, unter der Rubrik »Dekoration« anstelle der Felsen eine Villa in der Hölle vor).

Vielleicht ist Ihnen auch das nicht entgangen, daß die Helden beider Stücke mit einem Satz des Jammers anheben und mit einem Satz des Trotzes enden. Mit wenig Worten: Der dramaturgische Verlauf des »Prometheus« und der »Proserpina« lassen als nahezu deckungsgleich sich erzählen. So:

Expositionsteil

a) Ankunft des Helden in der Vorhölle.

b) Der Platz, an dem wir ihn antreffen, zeigt optisch die Klemme, worin er sich befindet.

c) Die Exposition besteht aus einer Klage (»Seht, was ich leide«) und

d) dem Wunsch zu entkommen.

e) Hierüber reflektiert er. Er untersucht die Lage, faßt Aussichten ins Auge.

f) Er trägt die Vorgeschichte nach, sagt uns, wie es geschah, daß er hier ist.

Peripetienteil

g) Peripetie. Wegdrängen der elenden Gegenwart, Erinnern der Gespielinnen, Hinschwärmen zu einer Idylle von Vergangenheit und Kindheit.

h) Peripetie. Die arge Wirklichkeit ruft ihn zurück. Er gedenkt etlicher Leidensgenossen, ebenso verloren sie alle wie er selber.

i) Peripetie. Eine Möglichkeit eröffnet sich, die Sache ganz oben politisch regeln zu können.

j) Peripetie – nein: Drehpunkt zur Beendigung aller Drehpunkte. Eine Information, welche jede Hoffnung für immer zerschlägt.

Actionteil

k) Stolze Katastrophe. Das Unabwendbare wird grimmig angenommen, nämlich verneint, in sich steigernden Beschimpfungen.

l) Ein Tableau. Die Vorhölle weicht der Hölle.

– Das ist die gemeinsame Fabel zweier Monodramen. Das ist die gleiche Handhabung der gleichen Gattungsaufgabe durch Aischylos und Goethe. Man kann mit einem Schauspieler auf einer Schaubühne schwerlich mehr machen. Das Schema ließe sich nahezu deduktiv ableiten.

Sage ich, wer seit diesen klassischen Vorbildern ein Monodrama unternimmt, müsse es bauen, wie »Prometheus« und »Proserpina« gebaut sind? Das sage ich nicht. Bauen, das sage ich allerdings, wird er es schon müssen.

Am Monodrama ist das der Widerspruch, daß sehr große Gegenstände in einer eher matten Kunstsorte abgehandelt werden.

Wir haben mit Göttern zu tun, und ein großer Teil der Wirkung beruht auf deren Platz in der Rangordnung der Gesellschaft. Beide, Prometheus und Proserpina, sind von bester Familie. Beiden wird von Obersten Göttern Schaden und Unrecht zugefügt. Beide waren im Besitz eigener Kulte. Prometheus war der Heilige der Töpfer, sein Namensfest wurde mit Fackeln gefeiert. Proserpina, welche Persephone hieß, war niemand Geringeres als die Titelrolle der Mysterien von Eleusis. Das sind Leute vom Kaliber eines Osiris, Dionysos, Orpheus, Jesus, Mithras. Unterhalb dieser Güteklasse läßt sich Monodrama kaum verantworten.

Das Monodrama ist erfunden für einen Gott. Um ein Fischweib oder einen Oberamtmann auftreten zu lassen, hätte man es nicht erfunden. Auch jetzt, erfunden wie es ist, eignet es sich nicht in erster Linie für Oberamtmänner oder Fischweiber.

Aus der Göttlichkeit des Gottes folgt die Befugnis, das Publikum unbefangen, unverlegen und ohne Begründung mit sich zu befassen. Er gehört nicht zu jenen, die nur sprechen, wenn sie gefragt sind. Er erscheint, und er spricht.

Dieses Vorrecht der Götter aber unterlag über die Weltgeschichte hinweg großem Verschleiß.

Ich vermag nicht zu sagen, ob Aischylos noch an Götter glaubte. Goethe jedenfalls tat es nicht. Den neuzeitlichen Autoren bleibt eine Chance. Aus dem urtümlichen Schluß, der Held ist auf dem Theater wichtig, weil er ein Gott ist, können sie den modernen ableiten: Er hat göttliche Rechte auf dem Theater, weil er wichtig ist. Eine solche Analogie ist logisch vielleicht bestreitbar, aber darum nicht falsch.

Im Monodrama kann nicht irgendwer auftreten und nicht mit irgendwas. Nicht nur hohes Personal ist verlangt. Hohe Geschichten sind es, einmalige und bildmächtige.

Prometheus wird von Gott verfolgt um seiner Menschenfreundlichkeit willen. Obzwar er eine beträchtliche Gegenintrige versucht, endet er als ein trauriges Sinnbild, allein, an ein Gebirg geheftet und von einem Vogel benagt.

Proserpina wird von Gott zur Ehe genötigt. Die beträchtliche Gegenintrige, die sie versucht, macht sie, blind wie Heldinnen müssen, selbst zunichte, indem sie vom Apfel nimmt und fortan dem Orkus gehört.

(Der Granatapfel, weiß Kurt Eissler, ist ein Schwangerschaftssymbol, ein Bauch voll roter Kernlein, die man für Embryonen nehmen kann. Ich bin hier gezwungen abzuschweifen. Die »Proserpina« ist ein Nachruf auf Goethes geliebte Schwester Cornelia, welche, wie er meinte, an der Ehe mit dem Oberamtmann Johann Georg Schlosser zugrundegegangen war. Richtig an Goethes Unterstellung ist, daß sie jedenfalls am Verheiratetsein litt, dem Beischlaf wenig Feuer entgegenbrachte und sich von ihrer ersten Niederkunft nie mehr recht erholte. Proserpina ist Cornelia, Pluto heißt mit Vornamen Johann Georg, und die Hölle liegt in Emmendingen, es gibt hieran nichts zu rütteln.

Pluto allerdings, wie ich sagte, ist Höllenfürst, nicht Oberamtmann. Ich beabsichtige auszudrücken: Es war nicht nur aus Erwägungen des Datenschutzes, es war aus genretechnischen Erwägungen, daß Goethes Monodrama »Proserpina« heißen mußte, nicht »Cornelia«).

Der Aufrührer, die Ehefrau. Zwei verdammte Titanen. Die Wirkmächtigkeit der Stoffe wird von den Autoren wissentlich herausgearbeitet. Die eine wie die andere Geschichte enthält die Möglichkeit eines glimpflichen Ausgangs. Prometheus schließt tatsächlich mit Zeus einen historischen Kompromiß. Proserpina kriegt nach einigem

Götter-hin-und-Her eine Strafmilderung zugebilligt; das Weimarer Publikum war in der Mythologie beschlagen genug, um zu wissen, daß der Vermählung mit dem Teufel ein Ehevertrag mit dem Teufel folgen würde, worin der Proserpina ein jährlicher Urlaub von Höllenbett und -tisch würde verstattet werden. Beide Schriftsteller waren an derartigen Aufweichungen des Effekts wirklich nicht interessiert. Beide Schriftsteller ästimierten ein Happy End für keine Alternative. Zwei Mal findet Auferstehung nicht statt.

Ein mythischer Stoff, das meint unter anderem: ein schon beliebter Stoff. Volkstümliche Geschichten erfindet man nicht. Auch die Frau-von-Stein-Story, wenn Sie mir erlauben, das zu erwähnen, war zweihundert Jahre lang als eine berühmte Story in aller Munde, bevor sie ein berühmtes Stein-Drama hergab.

Mythisch gesprochen: Eine Vampirartige stiehlt dem zweitgrößten Dichter der Welt, dem größten Deutschlands, die besten zehn Jahre seines Geschlechtslebens, bis ihm gelingt, die Postkutsche zu gewinnen und aus dieser Hölle in den italienischen Himmel zu fahren.

Goethes Flucht nach Rom ist eine optische Sentenz, ein Bildzitat geworden wie die Flucht des Odysseus aus der Höhle des Polyphem, die Flucht Marias und Josefs nach Ägypten, die Flucht Casanovas über die Bleidächer, die Flucht des Edmond Dantès aus dem Castel d'If oder Tolstojs Flucht nach Astapowo. Alle diese Fluchten *sehen* wir.

Die neuzeitlichen Dichter, sage ich, versuchen, aus dem dramaturgischen Wesen der Götter Nutzen zu schlagen, auch nachdem sie aufgehört haben, sich um ihr theologisches Wesen zu scheren.

*

Der Beifall, den der Darsteller eines erfolgreichen Monodramas erhält, schließt mehr als nur ästhetische Zustimmung ein. Er hat eine Farbe von Ergriffenheit, einer anthropologischen Ehrfurcht. Ein Mitglied der menschlichen Rasse, so fühlt das Publikum, hat uns ohne Unterstützung durch irgendwen sonst den Abend vertrieben – Bravo, Mensch!

Aber das ist der Gefühlszustand am rühmlichen Ende. Es ist keineswegs das, was im Zuschauerraum am Anfang vorgeht.

Am Anfang stellt der Saal mißtrauisch fest, daß nicht mehr als nur ein Schauspieler herauskommt, um sich um ihn zu kümmern. Dieser eine Schauspieler, so rechnet der Saal, hat keine Gegenspieler und also nicht die Möglichkeit, in die unterhaltsamen Kämpfe einzutreten, aus denen eine dramatische Handlung besteht. Mag der Schauspieler selbst ein Publikumsliebling sein – der Saal argwöhnt zu Recht, daß der Angelegenheit nicht die Bedeutung zugemessen ist, die er vom Theater gewöhnt ist. Er findet sich unterbedient. Er hat einen Verdacht, als habe das Theater an dieser Veranstaltung gespart und sich mittels ihrer einen faulen Tag gemacht.

Dieser Verdacht tritt auch im gehobenen Monodrama ein. Er betrifft den »Prometheus« genau so wie die Affen der Gattung, all diese humoristischen Conférencen und Alleinunterhaltungsstücke. Was kann das Theater tun, um das Vorurteil des Saals zu entkräften?

Klar ist, daß kein Versuch statthaben darf, den schmalen Aufwand durch beigefügte Nebenkünste zu bereichern, Künste, die ja nur Zutaten und dem dramatischen Wesen äußerlich sein können. Üppige Musik, häufige Kleiderwechsel, verblüffende Umbauten lenken von der gegebenen Armut nicht ab; eher weisen sie auf dieselbe hin. Zum sofortigen Erlöschen der Aufmerksamkeit führt der Ausweg, das Fehlen von Partnerspiel durch sogenannte *physische Handlung* wettzumachen. Der Saal spürt sofort, daß auch die Person oben sich langweilt und gehalten sieht, sich irgendwie mit sich selbst zu beschäftigen.

Gar nicht wenige meiner Charlotten sind von Regisseuren gezwungen worden, vor aller Verbraucher Augen ein Vollbad zu nehmen. Was immer über die Ansehnlichkeit von deren weiblichen Merkmalen zu sagen gewesen wäre, mit Sicherheit hat ihr Anblick nicht beigetragen, die Aufmerksamkeit auf die Handlung der »Stein« zu bündeln, was ja aber doch hätte sein müssen; denn was als die Handlung soll denn den Erfolg bewirken? Es haben Frauen zweieinhalb Stunden lang mit einem Monodrama interessiert. Es hat noch keine Frau zweieinhalb Stunden mit einem Strip interessiert.

Das Monodrama ist eine kleine Gattung. Manche Damen sind kleine Damen. Kleine Damen, wenn sie Plateausohlen tragen und sich die Haare toupieren, wirken nicht größer, sondern kleiner, als sie sind.

Man soll kleine Gattungen nicht toupieren.

Wenn die Aufführung prahlen darf, dann mit Bescheidenheit. Von allen Mitteln läßt dramaturgische Vernunft nur die nötigsten zu. Nach dem Grundsatz »wenig ist viel« erregt das Monodrama das ihm eigene Staunen: die glückhafte Ver- und Bewunderung darüber, daß ein einziger Schauspieler eine Aufführung zustandegebracht, will sagen, aus einer fast leeren Hosentasche ein Universum gezogen habe.

*

Dramaturgische Armut ist so ziemlich das Gegenteil von geistiger Ärmlichkeit. Winckelmann redet von edler Einfalt, nicht von schäbiger Einfalt. Die Musik, Kostumierung,

Dekoration und Gebärde, die wir zulassen, können nicht erlesen genug sein. Zu dem Punkt äußert sich Goethe ausführlich in dem erwähnten »Proserpina«-Aufsatz, worin er eine wohlbedachte, also kostspielige Ausstattung fordert und dann noch, daß die Künstlerin sich bequemen möge, anständig zu sprechen.

Die Maschinen im »Prometheus«, die zur Fabel gehören und aber in der Fabel auch wieder nicht unentbehrlich sind, finden wir – für eine Freilichtaufführung – maßvoll. Die Okeaniden durchschiffen auf einem Wagen die Luft. Okeanos zeigt sich auf einem Flügelpferd. Io tritt auf, in einer Tiermaske rasend. Das bleibt alles im Rahmen. Den Rahmen sprengt, und aufs Vorbildlichste, das Tableau: der Felsen, woran Prometheus und der Chor hangen und der unter Gewitterlärm versinkt.

Zum »Proserpina«-Tableau öffnet sich die Unterwelt mit ihrem höllischen Thron benebst lebenden Bildern von den Verdammten und den Seligen. Beide Stücke geben den schlimmen Ausgang, nachdem er von der Fabel erreicht ist, noch einmal als Überraschung und in Gestalt szenischen Prunks. Das Mittel des szenischen Prunks wird eingesetzt, nachdem den Abend über auf das Mittel des szenischen Prunks verzichtet worden.

Goethe macht von dem Umstand, daß seit Aischylos der Schnürboden erfunden war, zusätzlich und höchst trickreich Gebrauch. Der Prospekt hinten hebt sich und zeigt der entsetzten Proserpina den Pluto, thronend auf seinem Königssessel. Der Prospekt senkt sich wieder, die Weimarer applaudieren. Beim zweiten Aufzug des Prospekts befindet sich Proserpina neben dem Pluto auf seinem Thron und in seiner Gewalt, und sie drückt ihm ihren Haß aus.

*

Das überraschende Tableau ist nur die anschauliche Gestalt eines dramaturgischen Verfahrens, über das, bei aller Peripetienfreude die bessergesinnten und ehrlicheren Alten noch nicht verfügten, des Twists. Der Twist ist, übersetzt, mehr als eine bloße Kehre oder Drehung in der Handlung. Dieses Fachwort ist nicht anders als mit Umschlag deutsch wiederzugeben, Umschlag in dem Sinn nämlich, daß der Twist alles bisher für wahr Genommene umwirft, rückwirkend für nichtig erklärt oder doch mindestens in ein völlig neues Licht setzt. Von einem Double-Twist ist zu reden, wenn die schlagartige Umdeutung des Geschehenen wieder für falsch erklärt und durch eine zweite schlagartige Umdeutung übertroffen wird.

Sie kennen den Twist aus dem sogenannten »Thriller«, jener Kinogattung, welcher eine Filmeslänge Gähnen um einer kraftvollen und sinnreichen Schlußwendung willen verziehen wird. Ein Grundgesetz der Bühnenkunst lautet: Applaus findet am Schluß statt. Ein Schluß, an welchem Applaus stattfindet, wird von den meisten Gemütern für Bühnenkunst genommen. Das Monodrama, das, was seine Wirkungsmöglichkeiten betrifft, schwachbrüstig bleiben wird, wird sich mit dem Twist zu befreunden haben.

So etwa könnte das bestmögliche Monodrama beschaffen sein …

(Ich habe bereits drei Schemata gegeben, das des »Prometheus«, das der »Proserpina« und das des klassischen Monodramas überhaupt. Um das Maß an Schematismus vollzumachen, deute ich das ideale Schema an, das des Monodramas als solchem).

So etwa.

1. Die Exposition einer mißlichen Lage des Helden, die eine spannende Erwartung hinsichtlich der Möglichkeit, sich herauszuwinden, setzt.

2. Das Scheitern des Helden in Peripetien. – Da kein Monodrama nur von dem Helden allein handelt, enthält so ein Stück eine Vorgeschichte oder eine nebenherlaufende Handlung außerhalb der Bühne. Die Welt, welche auf der Bühne nicht ist, scheint auf die Bühne herein. Die Aufdeckung dieser anderen Fabel erfolgt in Peripetien und wird Anlaß für die peripetienreiche Fabel des Aufdeckens.

3. Das Stück endet mit einem großen Umschwung. Der Held sieht sich schon als Sieger, bevor ihn die Katastrophe verschlingt. Diese Art Schluß ist gebaut als Twist und Doppeltwist. Oder aber die letzten Zuckungen des Schlusses sind so gebaut.

Das bestmögliche Monodrama, kurz, ist eine Mischung aus »Ödipus« und »Zeugin der Anklage«.

*

Das »Gespräch im Hause Stein über den abwesenden Herrn von Goethe« entspricht diesem strengen Bauplan kaum oder allenfalls in Annäherungen. Dennoch schmeichle ich mir, ein paar Gedanken an die Gattung gewendet zu haben. Auch die Frau von Stein will aus dem Zustand des Alleingelassenseins heraus und landet im Alleinsein für immer. Bei aller Schwatzsucht, an der sie natürlich leidet – Schwatzsucht ist nicht der Anlaß ihres Vortrags. Ihr Vortrag ist eine Aussage, die sie als eine Angeklagte macht. Eine Verteidigungsrede, ein Plädoyer ist ein Kampf und als solcher bühnentauglicher als andere Texte. Zuschauer mögen Prozeßstücke. Die Einlassungen der Stein sind von vorn bis hinten erlogen, was Zuschauer auch mögen. Die vier Aktschlüsse sind Peripetien in dem Sinn, daß die jeweils vorgetragene Lüge platzt und durch eine neue Lüge gerettet werden muß. Der

Stückschluß wird zum Zusammenbruch dadurch, daß die Lüge nicht mehr zu retten geht. Der letzte Satz, den die Stein in dem Stück spricht, ist der erste, worin sie nicht lügt. Wenn das alles nicht viel ist, aber es ist doch alles ein bißchen mehr als nichts.

P.H.

4. DIE URAUFFÜHRUNG

Dresden und Berlin

Die *gemeinsame Uraufführung* des »Gesprächs im Hause Stein über den abwesenden Herrn von Goethe« erfolgte am 20.3.1976 in Dresden und am 16.10.1976 in Berlin. Die sieben Monate Abstand zwischen den Daten geben dem Begriff etwas Befremdliches, sind aber hauptsächlich den Theaterferien geschuldet. Die Berliner Inszenierung war im Mai 1976 fertig, wie eine Voraufführung auf der Bühne des Schloßtheaters in Sanssouci belegt. Unbestritten ist: Dresden ging voran, Berlin folgte. Wenn demungeachtet von einer gemeinsamen Uraufführung zu reden ist, so auf Grund der Begriffsbestimmung einer Uraufführung. Eine Uraufführung ist eine Aufführung, die sich auf keine Erfahrungen anderer Bühnen stützen kann. Beide Aufführungen hatten das Verdienst, das Stück zu einem Zeitpunkt unternommen zu haben, wo die Spielbarkeit des Textes allgemein bezweifelt wurde. Beide, unbeeinflußt von einander, wie sie waren, gelangten zu einem höchst ähnlichen künstlerischen Ergebnis, und beide mündeten in triumphalen Erfolgen. Das Monodrama war mit diesem Glücksfall von einem Doppelstart ästhetisch erschlossen. Jede bedeutende (oder auch nur professionelle) Bühnenkünstlerin, die dessen Ergebnis zur Kenntnis nahm, konnte die Rolle mit fast beliebigem Gelingen spielen. Jede, die das Ergebnis nicht zur Kenntnis nahm, konnte die Rolle nicht spielen. Das Staatsschauspiel Dresden, welches dem Generalintendanten Fred Larondelle unterstand, besetzte die Regie mit Klaus Dieter Kirst und besetzte die Frau von Stein mit Traute Richter.

Der Intendant des Maxim Gorki Theaters in Berlin, Albert Hetterle, ließ Wolfram Krempel inszenieren und besetzte die Frau von Stein mit Karin Gregorek. Beide Regisseure hatten sich bereits das Vertrauen ihrer Oberen erschmeichelt und ihnen bewiesen, daß sie mit Hacks siegen und Kasse machen konnten, Kirst 1973 mit der Uraufführung von »Adam und Eva« und Krempel 1975 mit der Uraufführung von »Rosie träumt«.

P.H.

Lexikon zur Uraufführung

G

Goethe, Johann Wolfgang von, Schriftsteller. Es haben sich seit seinem Ableben immer wieder Personen dadurch auffällig gemacht, daß sie ihn nicht für den besten deutschen Dichter hielten, z.B. Ludwig Börne, Wolfgang Menzel, Maria delle Grazie und Günter Kunert.

Kupferstich von Heinrich Lips, 1791

Photo: Sibylle Bergemann

Gregorek, Karin, Schauspielerin und Regisseurin. Spielte die Stein am Maxim Gorki Theater (s.d.) von 1976 bis 1992. Als sie sie zum ersten Mal spielte, war sie, fand der Professor Schumacher, zu jung für die Rolle. Als sie sie, 16 Jahre später, zum letzten Mal gespielt hatte, wird er sie nicht mehr zu jung gefunden haben. Sie besorgte für die Nachwelt die Aufzeichnung des Werks im Fernsehen der DDR (1979) und die Schallplatte (LITERA 1981).

H

Hacks, Peter, Schriftsteller. Besondere Aufmerksamkeit fanden seine 7 Gegenwartsdramen »Die Sorgen und die Macht« 1959, »Moritz Tassow« 1961, »Numa« 1971, »Pandora« (nach Goethe) 1979, »Die Binsen« 1981, »Barby« (nach Strahl) 1982 und »Fafner, die Bisam-Maus« 1991.

Bronze-Portrait von Manfred Salow;
Photo: Kristina Eriksson

Hetterle, Albert, Intendant des Maxim Gorki Theaters (s.d.). Er geriet über eine Schlagzeile in der Berliner Zeitung: »Budapester Publikum feierte Karin Gregorek« (1978) und eine andere ebenda: »Karin Gregorek begeisterte in Paris« (1988) in eine derartige Wut aus verletzter Geltung, daß ihm kein Ausweg blieb, als sich denen anzuschließen, die die Regierung der DDR und mit der das Arbeitsgesetzbuch der DDR stürzten; nur so vermochte er der Künstlerin endlich am 22.10.1990, drei Wochen nach der Annihilation des Arbeitsgesetzbuches, zu kündigen. Er hatte seine Rache, blieb danach freilich selbst nicht mehr lange Direktor.

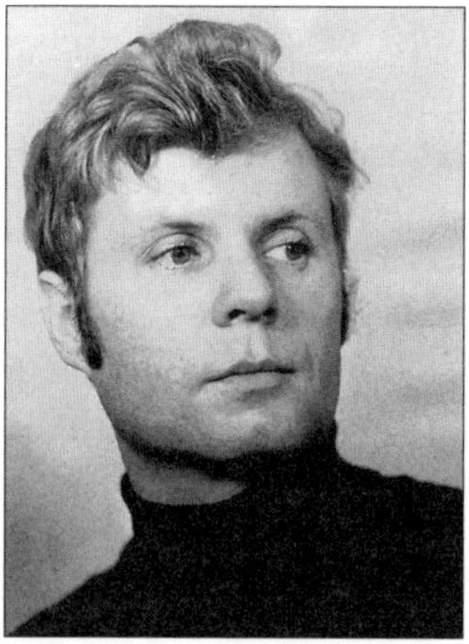

K

Kirst, Klaus Dieter, Regisseur. Ein hochbegabter Theatermann, dem ein genauer Instinkt riet, die Provinz niemals zu verlassen, wo es ihm bis heute wohlergeht.

Photo: Erwin Döring

Photo: Hans-Ludwig Böhme

Kleines Haus des Dresdener Staatsschauspiels. Die einstige Tonhalle in der Glacisstraße 28. »Kleines Haus« im Gegensatz zu »Großes Haus«, welches zu jener Zeit freilich im mindesten nicht in Betracht stand, weil es bis zur Wiedererrichtung der Semperoper durch die DDR der Dresdener Staatsoper zum Spielort diente.

Krempel, Wolfram, Regisseur, inzwischen Intendant. Schüler von Wolfgang Heinz, Vertreter des blutvollen Theaters.

Photo: Reiyk Bergemann

L

Larondelle, Fred, Generalintendant. Auch er, Typ des SED-Kaderintendanten, hätte vorgezogen, nicht berühmt zu werden als durch die »Stein«, stürzte aber darum die Regierung nicht.

Photo: Erwin Döring

M

Maxim Gorki Theater. Erbaut 1827 von Ottmer für Zelters Singakademie. Wird seit 1947 als Schauspielhaus benutzt.

zeitgenössischer Stich

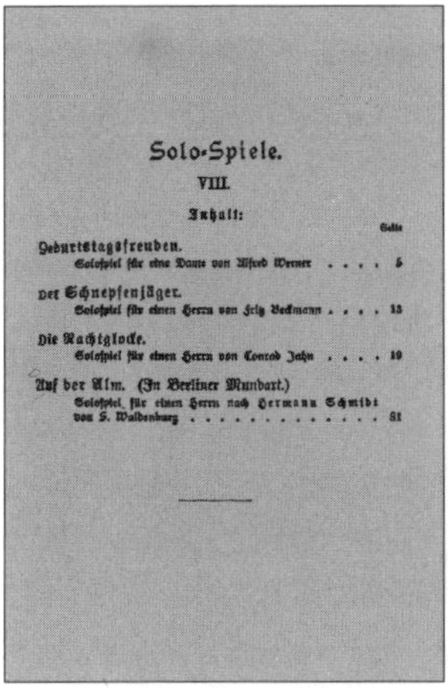

Solo-Spiele.

VIII.

Inhalt:

Monodrama. Name einer Unterform der dramatischen Gattung, welchem von Synonymen wie Soliloquium, Einpersonenstück oder Solo-Spiel nur sehr unzureichend entsprochen ist. Der Unterschied ist auch nach der Uraufführung des »Gesprächs im Hause Stein« von Regisseuren und Theaterdichtern kaum begriffen. Auf Dilettantismus in den Künsten steht die Strafe des Untergangs; Regisseure wie Niels Peter Rudolph oder Herbert Berghof, Schriftsteller wie Rolf Hochhuth oder Gabriel García Márquez ahnen bis heute nicht, wofür sie bestraft wurden und woran sie untergingen. Bei Monoestraden wie dem Quodlibet »Eva – Hitlers Geliebte« kann sich dieses Lexikon nicht aufhalten.

R

Richter, Traute, Schauspielerin. Spielte die Stein am Dresdener Staatsschauspiel von 1976 bis 1985 und im anschließenden Jahr bis zu ihrem frühen Selbstmord als eigene unabhängige Tourneetruppe, als, gleichsam, Monoensemble.

Photo: Hans-Ludwig Böhme

S

Stein, Charlotte Freiin von, Schriftstellerin. Hofdame in Weimar.

Selbstbildnis, Silberstiftzeichnung

Stein, Josias Freiherr von, Oberstallmeister in Weimar. Vorzüglicher Beamter, Reiter, Laienschauspieler. Ehemann der Charlotte von S. (s.d.).

Puppe aus der Berliner Aufführung; Photo: Wolfram Schmidt

5. DREI BRIEFE AN DREI BÜHNEN

An Boy Gobert
Zur Aufführung am Thalia Theater, Hamburg

Lieber Herr Gobert, Andreas Reinhardt ist einer der besten Bühnenbildner unserer Zeit. Ich habe also natürlich keine Bedenken gegen ihn, auch – falls es das war, was Sie mich gefragt haben – keine politischen.

Die Beschaffenheit seiner Begabung freilich erfordert etwas Einflußnahme von Seiten der Regie. So vollkommen sein ästhetischer Sinn ist, so unvollkommen ist sein dramaturgischer. Er macht gern zu viel; er spielt; er neigt dazu, sich als die Hauptperson der Aufführung zu betrachten. Er ist nur dann unübertrefflich, wenn man ihn zwingt, die wesentlichen Erfordernisse des Stücks im Auge zu behalten.

Ich bin, ich gestehe es, an die berliner Stein-Bühne fixiert. Sie erfüllt die beiden Hauptaufgaben. Sie hat das – so sehr fabeltragende – Fenster in der Mitte hinten, und sie gibt der Schauspielerin eine, bei aller Durchsichtigkeit und Poesie, glaubliche Behausung, welche sie aus der völligen Einsamkeit erlöst und ihre Handlungen und Gänge in ein Bezugssystem ordnet, worin dieselben eigentlich erst statthaben.

Daß dies sein muß, haben die Erfahrungen bewiesen. Wo die Stein im unendlich Leeren agiert (etwa in Halle), oder wo die Bühne mit Unzugehörigem vollgekramt ist (so in Zürich), ist aus dem Stück nicht genug geworden. In Dresden und Göttingen wiederum, wo alles bieder und stimmig herging, war der Erfolg groß.

Kurzum: wenn Andreas Reinhardt die Sache richtig anpackt, ist es für uns ein Glück, ihn zu gewinnen. Wenn nicht, ist jeder schlechte Bühnenbildner besser.

So sehr viel zu dem. Glückwunsch zum inzwischen gewesenen Jahrmarkt, von dem ich leider noch keine Nachricht habe, und Kraft und Geduld zur vorhabenden Stein. Bei den Besetzungen, die Sie für mich auf die Beine bringen, bin ich in wenig Sorge. Ich weiß, in welchem Grade ich Ihnen zu danken habe, und ich benutze die Gelegenheit, es Ihnen endlich einmal zu sagen. Herzlichst,

Ihr

Peter Hacks

1.6.1977

An Herbert Berghof
Zur Aufführung am Belasco Theatre, New York

Lieber Herr Berghof, vielen Dank für die Ernennung zum Professor und die guten Nachrichten über das Fortschreiten der Produktion. Ich wäre angesichts der kurzen Probenzeit in Besorgnis, wenn ich nicht wüßte, daß Frau Hagen und Sie seit drei Jahren Ihre kummervollen Nächte mit dem Stück zubringen.

Laden Sie mich nicht ein: Amerika ist mir zu weit. Daß ich Ihnen das Beste wünsche, wissen Sie; denn Ihr Bestes wäre auch das meinige. Mein Telephon ist DDR Berlin 4483202. Es ist geöffnet ab 1200 h, wann immer das in New York sein mag.

Anbei eine Bio- und Bibliographie. Ich habe die hier üblichen Preise; falls Sie die ekelhafte Sitte mitmachen müssen, dieselben zu erwähnen, können Sie zwei Nationalpreise nennen, und natürlich bin ich Mitglied der Akademie der

Künste. Lieblingsphotos besitze ich nicht, weil ich keine Photos besitze.

Und ich schicke gleichzeitig mein Buch »Die Maßgaben der Kunst« ab, in welchem Sie alles von mir über mich finden.

Ich will Ihnen, lieber Herr Berghof, nicht in Ihre Arbeit reden. Aber ich habe Erfahrung mit 40 oder 50 Stein-Aufführungen und bin in der Lage, ein Gesetz aus denen abzuleiten. Wenn sich in der Bühnenmitte hinten das Fenster befindet, und wenn Herr Stein eine menschenähnliche Puppe ist, welche nichts tut, als was ich ihr vorschreibe, kann das Stück nicht durchfallen. Wenn das anders gemacht wird, fällt es durch.

Das Stück ist ein Monodrama, und es versteht sich aus Gattungsgründen von selbst, daß die Stein in der Regel das Publikum anredet. Sie redet in gewissen Situationen zu Herrn von Stein und nie zu sich selbst. Die Psychologie von der Sache ist, daß sie denselben Text auch ihrem Pudel erzählen würde. Es hat sich bewährt, das Mittel der unverhohlenen Publikumsanrede gegen den Schluß hin zu häufen.

Die drei erfolgreichsten Produktionen sind ungestrichen.

Verzeihen Sie, daß ich Sie mit derlei Empfehlungen behellige; sie dienen der Hygiene meines Gewissens, welches nunmehr rein ist. Herzlichen Gruß an Sie beide,

Ihr

Peter Hacks

29.11.1979

An Alfredo Bauer
Zur Aufführung am Teatro Nacional Cervantes, Buenos Aires

Lieber Herr Bauer, von der Konterrevolution nicht wenig in Anspruch genommen, begnüge ich mich mit einem über Ihre gute Nachricht hocherfreuten Ausruf (ha!) und komme sofort zu den praktischen Sachen.

Ich bin derjenige Mensch auf der Welt, der am besten weiß, wie die »Stein« funktioniert. Macht man das Stück richtig, kann es nicht durchfallen. Macht man es falsch, muß es durchfallen. So klar steht es. Es geht beim »Richtigmachen« einzig um drei Punkte; alles übrige ist ad libitum.

1. Das Bühnenbild braucht das französische Fenster in der Mitte hinten. Das Fenster ist, neben der Puppe und dem Publikum, der dritte Bezugspunkt für die Stein: der Ort, hinter dem sie Goethe erwartet. (1 Fenster ist besser als 3 Fenster oder eine Fensterfront).

2. Die Puppe ist durch nichts anderes zu ersetzen, und sie muß, wenn nicht naturalistisch, so doch kenntlich den Josias darstellen. Ein lebender Mensch anstelle der Puppe macht alles zu Schanden. Wenn er reagiert, spielt er die Stein tot, wenn er nicht reagiert, macht das die Puppe viel besser.

3. Die Schauspielerin darf nicht versäumen, den Inhalt zu vermitteln. Sie ist es, die das Publikum sehen will, aber kein Mensch will eine Frau zweieinhalb Stunden lang sehen, außer sie hat was zu erzählen. Die Wirkung des Stücks kommt, wie in allen Stücken, aus der Fabel, das heißt in diesem analytischen Drama: aus der Vorgeschichte. (Keine Angst vor dem Text also. Er wird nicht unterhaltsamer und nicht leichter verständlich, wenn man in ihm streicht. In der »Stein« fällt durch, was gestrichen ist).

Das sind die Essentials. Ich gehe die Gefahr ein, mich zu wiederholen: Dieses absolut sichere Stück ist jedesmal gescheitert, wo einer der obigen Punkte vernachlässigt wurde, Hauptbeispiel ist die Niederlage der vortrefflichen Uta Hagen in New York. Ich grüße Frau Pellicori, Herrn Iedwabni und Herrn de la Torre aufs Kollegialste.

Treten Sie rechtzeitig mit dem Dreimaskenverlag in Verbindung. Es kann sein, der Zufall will, daß die Produktion Ihres Theaters eben die zweihundertste auf dem Erdball wird. Ich ende und bin

immer der Ihre

Peter Hacks

28.6.1991

* * *

Resumé: Der Brief nach Hamburg wurde gelesen, und Nicole Heesters erzielte eine lange, schöne und erfolgreiche Reihe von Aufführungen. Die Briefe nach New York und Buenos Aires wurden nicht gelesen.

6. WIDERHALL

Deutsche Presse

Die Presse zeigte sich von dem »Stein«-Monodrama angetan; sie verhielt sich beifällig und, wenn man will, kann man sagen überschwenglich. Zeitungen, die sich unbeeindruckt oder abgestossen fühlten, blieben in der Minderzahl. Beifolgende Proben geben einen winzigen Ausschnitt aus dem Jubel, während die ablehnende Presse vollständig belegt ist.

Staatstheater Dresden
Der Autor im korrekten Anzug, strahlendes Lachen, zeigte sich an der Rampe mit den an dieser Uraufführung Beteiligten. Man trampelte im Dresdener Kleinen Haus vor Begeisterung.
»Die Tat«, 26.3.1976

Staatstheater Dresden
Der Autor war da und konnte zusammen mit den Interpreten die begeisterte Zustimmung des Premierenpublikums entgegennehmen.
»Süddeutsche Zeitung«, 26.3.1976

Staatstheater Dresden
So viele Monodramen gibt es nicht, und sicher kenne ich nicht alle, die es gibt. Dies ist mir das beste, das ich bislang las oder sah, ein blendendes, dramaturgisch vollendetes Monodrama. Ein großer Abend, diese Uraufführungs-

premiere im Dresdner Staatstheater. Einer, dem fraglos viele folgen werden.
»Neues Deutschland«, 1.4.1976

Staatstheater Dresden
Der begeisterte Beifall des Publikums galt am Ende der Darstellerin und einer Inszenierung, die sich wohl lange im Dresdner Repertoire halten wird; er galt einem Stück, um das sich die Theater reißen müßten, wenn sie es nur besetzen könnten!
»Theater der Zeit«, 5-1976

Staatstheater Dresden
Ein passagenweise geistreich formuliertes, insgesamt aber doch arg dünn und histörchenhaft bleibendes Lustspiel über die Beziehung zwischen Goethe und der Frau von Stein. Worauf das Ganze hinaussoll, ist mir nicht klar geworden. Als Übungstext für Leute, die einmal kontrollieren möchten, was sie noch von Goethe behalten haben, ist der Stein-Monolog natürlich zu empfehlen.
»Theater heute«, 5-1976

Maxim Gorki Theater Berlin
Das ist eine Darstellung, die ihre ganz eigene Faszination hat. Und es ist ein besonderer Qualitätsbeweis für dieses Stück von Peter Hacks, daß es in so unterschiedlichen Interpretationen gleichermaßen überzeugt.
»Neue Zeit«, 19.10.1976

Maxim Gorki Theater Berlin
Jubelnder Beifall war verdienter Lohn.
»Der Morgen«, 21.10.1976

Maxim Gorki Theater Berlin
Das Publikum hatte seinen Spaß und brachte ihn im Beifall zum Ausdruck, trotz oder wegen der im Text enthaltenen Bemerkung: »Die Dichter sprechen aus, was alle Menschen fühlen, ausgenommen sie selbst«.
»Berliner Zeitung«, 29.10.1976

Maxim Gorki Theater Berlin
Dann ist dieses Schauspiel für eine Schauspielerin einfach kunstvoll komponiert, vergleichbar einem klassischen Musikstück. Und nirgendwo sackt das ab, die emotionelle und intellektuelle Spannung dauern an, über zwei Stunden: das ist schwer zu machen und nicht leicht nachzumachen. Es ist ein großes Stück für eine Schauspielerin, ein Stück auch für eine große Schauspielerin. Und Karin Gregorek erweist sich als große Schauspielerin.
»Die Weltbühne«, 2.11.1976

Maxim Gorki Theater Berlin
Auf der Bühne des Maxim Gorki Theaters ist Karin Gregorek als Alleinunterhalterin sowohl Charlotte von Stein wie auch den Arabesken der Gescheitheitsprosa des Hacks gewachsen. Sie ist brillant (etwas anderes blieb ihr auch nicht übrig).
»Eulenspiegel«, 50-1976

Deutsches Theater Göttingen
Der lange Beifall eines Auditoriums, das aus dem von gelegentlichem Glucksen unterbrochenen Schmunzeln nicht herausgekommen war.
»Die Welt«, 21.4.1977

Akademietheater Wien
Im speziellen Fall ist Peter Hacks ein brillantes Theaterstück gelungen, und Annemarie Düringer ein brillanter Theaterabend, geistreich, amüsant und fesselnd.
»Die Presse«, 25.4.1977

Akademietheater Wien
Jetzt ist der von Hacks erklärtermaßen auf den Rollen- und Solistinnen-Ehrgeiz großer Schauspielerinnen hin geschriebene Text auch auf westliche Bühnen gekommen, allerdings ohne rechtes Gelingen. Weder in Zürich noch in Göttingen und Köln stellte sich der große Erfolg ein. Daß das auch am Text liegen mag, untersucht unser Wiener Mitarbeiter im folgenden anläßlich der dortigen Aufführung. – Frau von Steins Bewußtsein, wie es Peter Hacks durchscheinen läßt, ist anachronistisch. Es ist nicht von damals, aber es ist auch nicht von heute. Es hat seinen Ort im späten 19. Jahrhundert. Was man von ihr zu hören bekommt, ist ein Prozeß der Emanzipation mit Strindbergschen Untertönen. Hacks arbeitet einiges an längst ausgestandener europäischer Moderne in den Monolog ein.
»Theater heute«, 6-1977

Renaissance Theater Berlin
Für alles das gab es am Ende schier endlosen Beifall. Rufe der Bewunderung wurden laut. Die Wimmer ist mit Ehren auf eine Berliner Bühne heimgekehrt. Das Renaissance-Theater hat glückliche Wochen vor sich.
»Die Welt«, 3.9.1977

Thalia Theater Hamburg
Ein langer Titel: »Ein Gespräch im Hause Stein über den abwesenden Herrn von Goethe«. Das riecht über sieben Meilen nach »Bildung«. Es ist aber ein kluges, auch etwas schickes Boulevard-Stück, etwas »zum Genießen«: Bei der Premiere im Thalia Theater gab es Beifall und Bravo und genau 43 »Vorhänge« am Ende. Sechs Sterne.
»Bild«, 17.4.1978

Brandenburger Theater
Ein rundum überzeugendes Theatererlebnis.
»Märkische Volksstimme«, 13.10.1992

Schaupielhaus Köln
Sehr kräftiger Premierenbeifall.
»Kölner Stadtanzeiger«, 30.3.1996

Landestheater Detmold
Eine herausragende Premiere, wie der Minuten andauernde Beifall der Zuschauer zeigte.
»Westfalen-Blatt«, 25.11.1996

Zahlenmäßig Erfaßbares

Das »Gespräch im Hause Stein über den abwesenden Herrn von Goethe« erfuhr in den deutschsprechenden Staaten Inszenierungen an 170 Theatern. Viel mehr Theater gibt es dort nicht.

Für die übrige Welt läßt sich die Menge der Spielstätten nicht feststellen. Man führte das Stück ein oder mehrere Male in den nachstehenden 21 Ländern auf:
Argentinien, Belgien, Bulgarien, Chile, ČSSR, Finnland, Frankreich, Irland, Italien, Japan, Jugoslavien, Niederlande, Norwegen, Polen, Portugal, Rumänien, Rußland, Schweden, Spanien, Ungarn, USA.

Es scheint das eine Zahl, die von keinem anderen deutschen Bühnenwerk erreicht wurde, mit Sicherheit keinem des letzten Jahrhundertviertels.

Nach Angaben des
Drei Masken Verlags,
München

Inhalt

FRANZ JUNG WERKAUSGABE

Werke 1 in zwei Halbbänden
Feinde ringsum Prosa und Aufsätze 1912–1963
Band 1/1 bis 1930, Band 1/2 ab 1931
Werke 2 **Joe Frank illustriert die Welt / Die rote Woche / Arbeitsfriede** Drei Romane
Werke 3 **Proletarier / Arbeiter Thomas / Hausierer**
Drei Romane
Werke 4 **Die Eroberung der Maschinen** Roman
Werke 5 **Nach Rußland!**
Schriften zur russischen Revolution
Werke 6 **Die Technik des Glücks** Mehr Tempo! Mehr Glück! Mehr Macht. Das theoretische Hauptwerk
Werke 7 **Wie lange noch?** Theaterstücke
Werke 8 **Sprung aus der Welt** Expressionistische Prosa
Werke 9/1 **Briefe 1913–1963**
Werke 9/2 **Abschied von der Zeit**
Autobiographische Fragmente, Biographisches, Monographisches, Entwürfe, Projekte, Analysen zu Wirtschaft und Politik
Werke 10 **Gequältes Volk** Ein oberschlesischer Industrieroman
Werke 11 **Briefe und Prospekte 1913–1963**
Dokumente eines Lebenskonzeptes
Werke 12 **Das Jahr ohne Gnade / Sylvia / Das Erbe**
Autobiographische Prosa

Supplementbände:
Franz Jung **Der Weg nach unten**
Aufzeichnungen aus einer großen Zeit. Autobiographie
Der Torpedokäfer Hommage à Franz Jung.
Essays, Interviews, Dokumente und Fotos.